Die schönsten Motorradtouren

Heinz E. Studt

Schweiz

Top-Touren durch alle Kantone, von Basel bis zu den Alpen

BRUCKMANN

INHALTSVERZEICHNIS

Kurvenhatz vom Feinsten: Nicht nur im Appenzell am Säntis-Massiv finden sich herrliche Motorradstrecken.

HOTEL
GRIMSEL HOSPIZ
RESTAURANT

Linke Seite: Das Hospiz am Grimselpass: Hier hat jeder Stein seine eigene Geschichte zu erzählen.

Links: Die Schweiz forever: Nicht nur um den Schweizer Käse braucht man sich hier keine Sorgen zu machen.

Rechts : Typisch und vor allem echt: ein Schweizer Haus in Olten im Solothurner Land

Rechts unten: Die Schweiz bietet Abwechslung pur – gerade auch für uns Motorradfahrer.

Gleich zweimal Ja für die Schweiz

Lohnt es sich, ein Motorradbuch über die Schweiz zu schreiben? Oder gar, es zu kaufen? Gerade als Biker aus Leidenschaft lautet meine persönliche Antwort: zweimal Ja ohne Wenn und Aber. Deshalb halten Sie justament auch gerade dieses Motorradbuch – übrigens bereits mein drittes Werk – in den Händen. Und wahrlich, ich weiß, wovon ich schreibe: Eine meiner ersten Motorradtouren als waschechter Spitzkehren-Frischling führte mich vor vielen, vielen Jahren in eben jene Schweiz, genauer gesagt in das Engadin. Eine atemberaubende Woche lang schwang ich meine damals sogar noch zwangsweise PS-gedrosselte Honda Transalp durch das Herz der Alpen, trieb sie mit schweißnassen Händen, röhrendem Motor und so manch schmerzlich fehlendem Newtonmeter-Drehmoment schnurstracks hinauf auf jeden Pass und stolz wie Oskar mit glühenden Wangen und ebensolchen Bremsscheiben auf der anderen Seite wieder hinunter. Kehre um Kehre wurde runder, Kurve um Kurve betonierte die Basis für meine inzwischen größte Leidenschaft.

In dieser einen Woche zwischen Bergeshöhen und Tälernweite infizierte ich mich nicht nur mit dem uns allen so wohl bekannten Schräglagenvirus. Ich verliebte mich auch in das Land selbst, in diesen prächtigen Flecken Andersartigkeit mitten im Herzen unseres mehr und mehr uniformen Europas. Seit diesen erinnerungswürdigen Tagen zog es mich immer wieder mit ganz unterschiedlichen Motorrädern und zu verschiedenen Jahreszeiten in Töfffahrers kleines Paradies. Denn nicht nur das Engadin, auch der Rest der Schweiz und nicht zuletzt seine Menschen haben unsagbar viel zu bieten. Und das gerade auch uns Motorradfahrern auf der ewigen Suche nach der perfekten Mixtur aus nie endenden Rechts-Links-Kombinationen und größtmöglicher Abwechslung. Lassen Sie sich von diesem Buch in die schönsten Regionen der Schweiz entführen. Gestatten Sie mir, Ihnen die Vielfalt einer von Grund auf friedlichen und dennoch so charismatischen Alpenrepublik aus der Sicht eines geöffneten Helmvisieres zu zeigen. Die Schweiz ist viel zu schön, um sie anderen zu überlassen! Kommen Sie mit – es wird Ihnen gefallen. *Heinz E. Studt*

Wo einst alles begann

TOUR 1 ZENTRALSCHWEIZ

An den Ufern des Vierwaldstätter Sees – hier schuf der berühmte Rütlischwur die erste Eidgenossenschaft, bestehend aus den Urkantonen Uri, Schwyz und Unterwalden. Gibt es einen besseren Ort, um dieses Buch zu beginnen?

In der mondlosen Nacht zum 1. August 1291, so erzählt die Legende, trafen sich die Abgesandten der drei Schweizer Urkantone Uri, Schwyz und Unterwalden auf der Rütliwiese am Ufer des Vierwaldstätter Sees. Sie beschlossen, sich nicht länger vom österreichischen Kaiser und dessen weit verzweigtem Netz aus Landvögten ausbeuten zu lassen, sondern an Weihnachten des gleichen Jahres noch den Aufstand gegen ihre Peiniger zu wagen. Darauf schworen sie jenen legendären Rütlischwur, den Grundstein der Schweizer Eidgenossenschaft. 23 weitere Kantone gesellten sich im Laufe der folgenden Jahrhunderte hinzu, heutzutage allesamt den 1. August mit Höhenfeuern auf den Bergen, Böllern und Raketen in den Städten, mit zahllosen Reden und Prozessionen feiernd.

Beginnen wir unsere Touren durch die Schweiz mittenmang im Herzen dieses Landes. Wem Luzern als quirlige Mixtur aus Bergen und Seen zu laut sein sollte, dem empfehle ich ein Quartier am Nordufer des Vierwaldstätter Sees zwischen Küssnacht und Gersau. Dort klingen die erlebnisreichen Tage im Mopedsattel im Angesicht eines ganz besonders prächtigen Alpenpanoramas aus. Denn der Vierwaldstätter See ist der wohl malerischste aller Schweizer Seen, seine Vielfalt reicht von saftig grünen Uferhängen über gemütliche Kurorte bis zu schroffen Felsabbrüchen, an denen sich die Straße spektakulär entlanghangelt.

Zur Königin der Berge

Doch bevor wir uns echtem Passvergnügen widmen, wollen wir zur perfekten Einstimmung in der ersten Tour einmal das Land zwischen den Seen erkunden. Starten Sie möglichst früh am Morgen, denn dann haben Sie die Norduferstraße des Vierwaldstätter Sees nahezu für sich allein. Gleichwohl diese als wichtige Verkehrsverbindung zwischen den Orten des Sees gilt, verdient sie das grüne Band besonderer landschaftlicher Schönheit ohne Zweifel. Kurvenreich geht es durch Küssnacht und Weggis an der Südflanke der knapp 1 800m hohen Rigi entlang. Diese Rigi – als Kurzform für »Regina Montana«, also Königin der Berge – zählt zu den bekanntesten Bergmassiven des Landes mit einer fast 50 km langen Gratlinie. Von Vitznau aus erleichtert übrigens eine der ältesten Zahnradbahnen der Welt den Aufstieg in diese alpine Welt. Weiter führt unser Weg auf der Uferstraße Richtung Gersau und Brunnen nach Schwyz. Dieser Ort gab übrigens dem ganzen Land einstmals seinen Namen. Denn es waren die Männer von

DER RÜTLISCHWUR UND DIE ENTSTEHUNG DER EIDGENOSSENSCHAFT

»Wir wollen sein ein einzig Volk von Brüdern, in keiner Not uns trennen und Gefahr. Wir wollen frei sein, wie die Väter waren, eher den Tod wählen, als in der Knechtschaft leben. Wir wollen trauen auf den höchsten Gott und uns nicht fürchten vor der Macht der Menschen…« lautet der berühmte Rütlischwur zumindest in Schillers Drama »Wilhelm Tell«. Zwar mag es keinen historisch belegten Nachweis über das geschilderte Geheimtreffen auf der Rütliwiese am Vierwaldstätter See geben, kaum ein echter Schweizer zweifelt aber daran. Das daraus resultierende Bündnis der Eidgenossen selbst ist urkundlich belegt durch den so genannten »Bundesbrief« aus dem August 1291, der das Verteidigungsabkommen der drei Urkantone besiegelte. Doch es sollten noch über 200 Jahre vergehen, bis die dann immerhin schon acht Kantone – die so genannten »alten Orte« – tatsächlich völlige Unabhängigkeit erlangten. Zur Förderung des Schweizer Nationalbewusstseins wurde im 19. Jahrhundert der 1. August als einheitliches Gründungsdatum der Schweiz bestimmt, er ist seitdem der höchste Nationalfeiertag des Landes und ein Erlebnis auch für die Gäste dieses so freiheitsliebenden Alpenvolkes.
Infos u.a. unter www.wikipedia.org – Suchbegriff »Rütlischwur« sowie unter www.tell.ch.

Vorangehende Doppelseite: Privatvergnügen: Im Bisistal gehören uns die Pisten auch im Sommer nahezu allein.

Rechte Seite: Sehenswerte Tradition: Luzern – die Perle am Vierwaldstätter See

Oben: Garantierte Idylle: Fahren Sie das Muothatal unbedingt bis zu seinem Ende, es lohnt sich!

Rechts: Details zum Verlieben: Rosentreppe am Ägerisee

EIN TAGESBEGINN AUF DEM RIGI

Seit Jahrhunderten ist es ein beliebter Schweizer Brauch, einmal im Leben den Sonnenaufgang auf dem höchsten Gipfel der Rigi, dem 1 798 m hohen Rigi-Kulm zu erleben. In Kombination mit einer Fahrt in der Zahnradbahn von Vitznau aus ist das ein ganz besonderer Genuss. Für den Sonnenaufgang sollten Sie allerdings am Abend vorher auffahren und im Rigi-Kulm-Gipfelhotel der Familie Käppeli übernachten. Oder aber genießen Sie einen unvergesslichen Sundowner auf der Hotelterrasse und fahren Sie mit der letzten Bahn hinab ins Tal. Sie werden sich lange an dieses Erlebnis erinnern.
Infos unter www.rigi.ch und www. sowie www.rigikulm.ch.

Schwyz, die gemeinsam mit Verbündeten aus Uri und Unterwalden am 15. November 1315 in der Schlacht am Morgarten nahe des Ägerisees erstmals ihre Unterdrücker, die Habsburger, besiegten, indem sie das gut ausgerüstete Reiterheer überfallartig mit Holzstämmen und Felsbrocken derart bombardierten, dass über 2000 Habsburger Ritter und Gefolgsleute getötet wurden. Am reich verzierten Rathaus von Schwyz erzählen Wandmalereien nicht nur diese für das Land so bedeutsame Geschichte.

Nach einem Rundgang durch den beschaulichen, weil nicht zuletzt überschaubaren Ort wenden wir uns gen Osten und nehmen den Abzweig Richtung Muotathal. Kurvenreich führt uns eine recht schmale Straße durch eine herrliche Bergbauernlandschaft bergan in den gleichnamigen Hauptort. Dessen Siedlungsspuren reichen immerhin bis in das Jahr 1243 zurück, seine Geschichte ist also älter als die der Schweiz selbst. Im hinteren Teil des Tales, im Bisistal, haben wir die Bergwelt auch an Sommertagen ganz für uns allein – nun ja mit Ausnahme vielleicht von zahlreichen Rindviechern, die jedes Jahr im Frühling auf den Hochalmen abgesetzt und im Herbst wieder in die Ställe geholt werden. Kurz hinter der Siedlung Laui ist der befahrbare Talschluss erreicht, hier heißt es umkehren.

Zurück zu überirdischer Schönheit

Wer sich für die Schweizer Unterwelt interessiert, sollte auf dem Rückweg vor Stalden der Beschilderung zum Hölloch folgen, einer der größten unterirdischen Karsthöhlen der Welt. In 1 1/2 Stunden Tour können ca. 2 km der unterirdischen Welt besichtigt werden. Aus Sicherheitsgründen allerdings nur mit Führer (Infos unter www.trekking.ch). Wir wenden uns lieber den zahlreich vorhandenen überirdischen Schönheiten zu und schwingen über Schwyz und das Dorf Sattel an eben jenen Ägerisee, an dessen Ufern die Schweiz ihre

Macht nicht nur die Seele frei: Hier am Ägerisee erkämpften sich die Schwyzer einstmals ihre Unabhängigkeit.

Die Wallfahrtskirche von Einsiedeln am Sihlsee ist berühmt und meistens gut besucht.

Freiheit so blutig erkämpfte. Gleichwohl wir uns im Herzen des Landes befinden, bremst selbst in den Sommermonaten kaum ein Verkehrsgewühl unseren Vorwärtsdrang. Nur Einsiedeln am Westufer des nahen Sihlsees mag da zumindest an so manchem Sonntag eine kleine, erwähnenswerte Ausnahme sein, findet sich hier doch eine der meistbesuchten Wallfahrtskirchen des Landes. Rund um den mächtigen Barockbau geht es dann zumindest gemächlicher voran. Als prächtige Ausweichmöglichkeit bietet sich aber die Straße über Willerzell am Ostufer des Sees an. Tja und dann liegen sie vor uns – formatfüllend, mächtig und prächtig: der lang gezogene Zürichsee und die Schweizer Finanzmetropole an seinem Nordwestzipfel. Waren wir es vom Vierwaldstätter See und seinen kleinen Gefährten gewohnt, hier und dort auch einmal einen Uferstreifen ganz für uns zu haben, so ist der Zürichsee auf nahezu der gesamten Uferlänge von 90 km vollkommen zugesiedelt. Seit Jahren schon sind die herrlich gelegenen Ortschaften ineinander verwachsen, ihre Leben-

ZÜRICH UND DER ZÜRICHSEE

Natürlich zählt ein Bummel durch Zürich zum Pflichtprogramm einer intensiven Erkundung des Landes. Gleichwohl es durchaus sehenswertere Städte gibt. Deshalb mein Tipp: Kombinieren Sie Zürich mit dem Zürichsee, verbinden Sie eine der zahlreich angebotenen Stadtführungen (Altstadt-, Nachtbummel, Zürich zum Schmunzeln uvm.) mit einem Nachmittag am See. Vor allem die sonnenverwöhnten Orte an dessen Nordufer bieten zahlreiche touristische Annehmlichkeiten und Einkehrmöglichkeiten mit oftmals grandioser Aussicht. Und falls es auf der Uferstraße zu voll werden sollte, zweigen Sie einfach ab in die Berghänge oberhalb des Sees. Über Egg, Oetwil und Hombrechtikon geht es kurvenreich dahin. Besonders sehenswert direkt am See ist zweifellos Rapperswil mit seiner mittelalterlich anmutenden Altstadt mitten auf einer Halbinsel im See.

Infos unter www.zuerich.com sowie www.rapperswil.ch.

digkeit, aber auch ihr tägliches Verkehrsaufkommen bilden einen harten Kontrast zu den fast alpinen Weiten, aus denen wir herabgestiegen sind. Mein Tipp: Schwingen Sie auf dieser Tour einmal um den Ostzipfel des Zürichsees bis Rapperswil und verbinden Sie in einem separaten Tagesausflug die Erkundung Zürichs mit dem westlichen Teil des Sees. Es lohnt sich auf jeden Fall.

Zum Abschluss dieser Tagestour wenden wir uns wieder gen Süden und schwingen über das bildhübsche Zug mit seinem histori-

Der historische Bahnhof von Vitznau mit einer der ältesten Zahnradbahnen der Welt

schen Stadtkern an den gleichnamigen See. Hier wählen wir die Ostuferstraße über Oberwil und Walchwil, denn die Landschaft des Westufers zerteilt die A4. Entlang der Nordostflanke des Rigi nähern wir uns gemütlich dem idyllischen Lauerzer See und seinem Ort Lauerz, der 1806 von einer Lawine dem Erdboden gleichgemacht wurde und mühevoll wieder aufgebaut werden musste. Falls uns hier schon der Hunger quält, taucht gerade rechtzeitig das Städtchen Schwyz wenige Kilometer später vor dem Windshield auf. Aber auch unser Ausgangspunkt, das Nordufer des Vierwaldstätter Sees ist nicht mehr weit.

Ab in die Berge

Der zweite Teil dieses Kapitels beschert uns echtes Passvergnügen, führt uns in das alpine Herz des Urkantons Uri, zum Klausen- und Sustenpass. Noch einmal gönnen wir uns gleich zu Beginn des Tages das Nordufer des Vierwaldstätter Sees, treiben das Bike nach Brunnen. Doch diesmal lassen wir Schwyz und das Muotathal links liegen und wenden uns südwärts. Auf Tuchfühlung zum Urner See schwingt die Landstraße durch beschauliche Orte und eine Hand voll spärlich beleuchtete Tunnels Richtung Altdorf. Dieses Städtchen ist wahrlich alt – bereits die Kelten hinterließen

Beim Aufstieg zum Klausenpass genießt man ein herrliches Alpenpanorama.

hier am Südzipfel des Sees ihre Spuren, Kapuziner gründeten ein Kloster und sogar die Franzosen besetzten den prosperierenden Marktflecken eine ganze Weile. Eingezwängt zwischen den Dreitausendern der Urner und Glarner Alpen bietet der Ort heutzutage auch zahlreiche Einkehrmöglichkeiten zum Beispiel für ein zweites Frühstück. Dann aber geht es ab in die Berge. Nicht zu übersehen ist der Abzweig Richtung Osten, der Wegweiser zum Klausenpass. Der birgt doch wahrlich eine kleine Besonderheit. Während nämlich viele dieser Pässe seit Alters her beliebte Grenzen zwischen den einzelnen Kantonen bildeten,

gehört der 1952m hohe Klausenpass samt beidseitigem Anstieg zum Kanton Uri. Schuld daran war ein vollgefressener Schweizer Gockel! Als nämlich die Kantone Uri und Glarus ihren Grenzverlauf ein für alle Mal festlegen wollten, erzählt die Legende, beschlossen die herrschenden Familien, von beiden Seiten des Passes je einen kräftigen Läufer loszuschicken. Dort, wo sich beide am Berg trafen, sollte fortan die Grenze sein. Als Startsignal für den jeweiligen Läufer wurde der erste Hahnenschrei des nächsten Tages festgesetzt. Der überaus hungrige Hahn aus dem armen Bauerndorf Uri krähte aber bereits mitten in der

Ein Boxenstopp am Klausenpass darf auf dieser Tour nicht fehlen.

Man trifft sich bestimmt: Der Sustenpass ist an Sommerwochenenden fest in Bikerhand.

Nacht das erste Mal und schickte seinen Läufer damit regelgerecht auf den Weg. Währenddessen schlief der Glarner Hahn vom Vortag noch pappsatt den Schlaf des Gerechten und krähte erst, als es beinahe schon Mittag war. So begab es sich, dass der Läufer aus Uri bereits auf dem Abstieg nach Glarus war, als ihm sein Kollege begegnete. Seit diesem Tag gehört der Klausenpass ganz und gar zum Kanton Uri.

Zurück aus des Himmels Weiten

Haben wir den Klausenpass zügig an diesem Tag erobert, empfehle ich, entlang der Ostflanke einen spitzkehrenreichen Exkurs hinunter nach Linthal und zur Glarner Kantonsgrenze zu unternehmen, bevor wir uns nach erneutem Anstieg zur Klausenhöhe wieder dem Passvergnügen zuwenden. Denn noch weiter östlich schließt das Heidiland an (siehe Tour 2).

Zurück aus des Himmels Weite wenden wir uns in Altdorf erneut Richtung Süden und schwingen – tunlichst die Autobahn meidend – durch Silenen und Amsteg Richtung Sustenpass. Ein Abstecher ins liebliche Maderanertal empfiehlt sich vor allem bei ausreichend Zeit im Tankrucksack, zählt es doch zu den schönsten Seitentälern der Zentralschweiz. Andererseits lässt aber bereits die Beschilderung zum Sustenpass jede Gashand mächtig jucken. Entscheiden Sie deshalb bitte selbst über diesen Abstecher. Auf fast 1 000 Metern liegt das Örtchen Wassen, in dessen Mitte wir dem Abzweig nach Westen auf den 2 224m hohen Sustenpass folgen. Kurvenreich geht es auf gut 24 km hinauf in die Schweizer Gletscherwelt. Auf der Passhöhe angekommen, lohnt es sich, den obligatorischen Boxenstopp mit Rundumblick ganz besonders ausgiebig zu gestalten. Der mächtige Steingletscher schmilzt im Süden hinab in den Steinsee, unser Blick reicht bei schönem Wetter bis weit hinein in die Berner Alpen. Die nehmen wir übrigens auf der Tour 8 noch genauer unter die Lupe. Versprochen.

Nachdem wir unsere Lungenbläschen porentief mit gesunder Bergluft gelüftet haben, schwingen wir in zahlreichen Kehren hinunter ins Gadmental und weiter nach Innertkirchen. Haben Sie sodann Lust auf noch eine satte Prise Bergluft, gönnen Sie sich den

Exkurs ins angrenzende Gental, einer mehr als prächtigen Sackgasse mitten hinein in die heile Welt der Schweizer Alpen.

Anschließend fahren wir über Meiringen Richtung Norden nach Giswil. Steht die Sonne noch ordentlich hoch, folgen Sie hier noch dem Abzweig zum Glaubenbüelenpass und weiter über Sörenberg, Steinibach nach Entlebuch. Dort schickt uns der Wegweiser nach Finsterwald als krönenden Tagesabschluss über den letzten Pass für heute, den 1 543 Meter hohen Glaubenbergpass nach Sarnen im Süden unseres morgendlichen Ausgangspunktes.

Und falls Sie heute Morgen bereits Ihr Quartier am Vierwaldstätter See aufgelöst haben, dann suchen Sie sich doch bereits in Innertkirchen den Weg hinauf zum Grimselpass. Hier liegen Ihnen meine Geschichten über das Berner Oberland (Tour 8) und das Wallis (Tour 6) sozusagen direkt vor dem Windshield.

Da juckt die Gashand sofort chronisch: Der Aufstieg zum Sustenpass führt durch die Urner Alpen.

ALLGEMEINES

Die Zentralschweiz bildet das kräftig pochende Herz des Landes. Hier, wo einstmals alles begann, findet sich eine mehr als abwechslungsreiche Mixtur aus den landschaftlichen und historischen Highlights dieses Landes.

Horizontfüllende Seen wechseln auf unserer Tour mit lieblichen Tälern, große Städte mit ihren oftmals gut erhaltenen historischen Sehenswürdigkeiten reihen sich an verträumte Bergdörfer in einer immer noch heilen Welt.

Mögen Historiker an den Geschichten des Rütlischwurs oder des Wilhelm Tell auch ihre Zweifel haben, ein echter Zentralschweizer – tief verwurzelt in seinem Land der Berge und Seen – zweifelt niemals an deren Wahrhaftigkeit. Denn gerade die Sagenfigur Wilhelm Tell, der ein Jäger aus der Region Altdorf (C 3) gewesen sein soll, verkörpert auf dramatische Weise den historischen Freiheitswillen eines ganzen Volkes.

Und ebendieser Freiheitswille mit seinen intakten Wurzeln hat hier in der Zentralschweiz bis heute überlebt.

MEINE SCHÖNSTE REISEZEIT

Die Zentralschweiz eignet sich auf Grund ihrer meist moderaten Höhenlagen für Motorradtouren von April bis Oktober. Meine schönste Reisezeit für dieses Gebiet ist der frühe Sommer vor den großen Ferien. Denn dann hat man als Biker die Strecken sowie Land und Leute oftmals noch für sich allein.

MOTORRADFAHREN

Die Zentralschweiz bietet Abwechslung pur – auch im Mopedsattel. Die Uferstraßen um die unzähligen Seen sind kurvenreiche Leckerbissen mit Ausblicken, die man vor allem an den Wochenenden gemeinsam mit Töfffahrern aus dem ganzen Land genießen kann.

Klausen- (C 4) und Sustenpass (C 2) verlangen ein wenig Übung im Spitzkehrenfahren, sind aber auch als »Trainingsgelände« für die hohe Kunst des alpinen Motorradfahrens bestens geeignet.

Und dazwischen liegt eine Vielzahl an Möglichkeiten zu Abstechern in verträumte Seitentäler, in denen die Zeit so manches Mal stehen geblieben zu sein scheint.

SEHENSWERTES

Natürlich sollten Sie einen Besuch in der Zentralschweiz mit einigen Exkursionen in die Geschichte des Landes verknüpfen. Gleichwohl uns das für ein paar Stunden aus dem geliebten Mopedsattel holt, es lohnt sich auf jeden Fall.

Im Bundesbriefarchiv zu Schwyz zum Beispiel kann man alles zum Thema »Eidgenossenschaft« im Original besichtigen. Wenige Kilometer südlich in Altdorf (C 3) erinnern Denkmäler an den berühmtesten Schweizer, Wilhelm Tell.

Historisch betrachtet ist sicherlich Luzern (B 2) eine der schönsten und interessantesten Städte der Schweiz. Ein Rundgang – zu empfehlen mit Stadtführer – kann als Stadtbummel sowie als Halb- oder auch Ganztagestour über das Tourismusbüro gebucht werden (www.luzern.org). Dies gilt ebenso für Zürich (A 3), wo sogar Nachtführungen angeboten werden (www.zuerich. com).

Besonders empfehlenswert ist auch eine Schifffahrt über den Vierwaldstätter See (B 2/3) inklusive ganz neuen Perspektiven auf das Land sowohl an Backbord wie an Steuerbord. Ebenfalls inklusive sind Sonntags-Brunch oder Mittagessen – für viele Gelegenheiten bietet die Schifffahrtsgesellschaft des Vierwaldstätter Sees ein eigenes Programm (www.lakelucerne.ch).

ESSEN UND TRINKEN

Traditionelle bodenständige Küche, frischer Fisch und hier und da sogar ein Sternekoch der Haute Cuisine – das ist Abwechslung pur für jeden Gaumen. Probieren Sie unbedingt einmal Luzerner Birnenwecken, nicht nur Naschkatzen schwärmen davon.

Alpines Kurvenparadies: Der Klausenpass ist ein echter Leckerbissen für Biker.

UNTERKUNFT

Eine gemütliche Bleibe fand ich in Weggis (B 2) direkt am Vierwaldstätter See im Hotel Frohburg. Zur ausgiebigen Entspannung ist die Unterkunft in Seenähe nach einem kurvenreichen Tag bestens geeignet. Garni Hotel Frohburg, Seestraße 21, 6353 Weggis, Tel.: +41(0)41/392 00 60, E-Mail: welcome@frohburg.ch, Internet: www. frohburg.ch.

Recht vornehm, aber nicht »abgehoben« geht es im Schloss-Hotel Swiss-Chalet in Küssnacht (B 2) zu. Auch Biker sind willkommen, Selbstversorger finden im nahe liegenden Appartmenthaus einige bestens ausgestattete Ferienwohnungen. Schloss-Hotel Swiss- Chalet, 6402 Merlischachen bei Küssnacht, Tel.: +41(0)41/854 54 54, E-Mail: info@schloss-hotel.ch, Internet: www.schloss-hotel.ch.

ADRESSEN UND INTERNET

Luzern Tourismus AG,
Zentralstrasse 5, 6003 Luzern,
Tel.: +41 (0)41/227 17 17,
E-Mail: luzern@luzern.com

Vierwaldstättersee Tourismus,
Bahnhofsstrasse 4, 6371 Stans,
Tel.: +41(0)41/610 88 33,
E-Mail: info@lakeluzern.ch,

www.infozentralschweiz.ch,
www.luzern.org, www.lakeluzern.ch

Heidis heile Welt

Noch eine Portion Geschichte – kurvenreich durch die Heimat von Alp-Öhi und Geißenpeter

TOUR 2 HEIDILAND

Haben Sie als Kind Johanna Spyris Geschichten von Heidi, dem Geißenpeter und Großvater Alpöhi auch geradezu verschlungen? Nun gut – als Bub vielleicht nicht unbedingt, aber ihre kurzweiligen Sonntagnachmittag-Filme im Fernsehen haben wir mit Sicherheit alle gern gesehen. Folgen Sie mir in diesem Kapitel in Heidis Heimat, in eine auch heute noch spürbar heile Welt. Es wird Ihnen gefallen – nicht nur der alten Erinnerungen wegen.

In der Ferienregion Heidiland gehöre Wohlfühlen zum Selbstverständnis, zum guten Ton, das sagen zumindest die Einheimischen. Gerade einmal eine Dreiviertelstunde oder einen kräftigen Dreh am Gasgriff vom Bodensee und von Zürich entfernt erstreckt sich Heidis Heimat vom Walensee bis hin zur »Bündner Herrschaft«, der wärmsten Weinregion der deutschsprachigen Schweiz. Und eben jener prächtige Walensee inmitten eines engen Tales, umringt von bis zu 1 000 Metern aufragenden Felswänden eignet sich als Ausgangspunkt für unsere Touren durch das Heidiland ganz besonders. Suchen Sie sich zum Beispiel im Ort Walenstadt ein Quartier und begleiten Sie mich auf den folgenden Seiten nicht nur auf Heidis lebendigen Spuren durch eine bessere Welt.

Vorangehende Doppelseite: Schulterschluss mit der Natur: Im Taminatal wachsen die Berge rechts und links des Lenkers in den Himmel.

Fürstliche Aussichten: Blick auf das »Churfirsten«-Massiv oberhalb des Walensees

Langschläfer-Kapitel

Auf diesen Touren beginnend am Walensee können Sie übrigens morgens beruhigt ausschlafen, denn selbst die Sommersonne braucht eine ganze Weile, bis sie über die Dreitausender der Glarner Alpen geklettert ist. Dann aber heißt es aufzubrechen. In den Osten der Region führt uns die erste Runde. Doch bevor uns Sargans für einen Erkundungsabstecher bereits wieder von der Piste lockt, zweigen wir kurz nach dem Start erst einmal Richtung Flums und Flumserberg ab, erklettern rasch die Höhe. Von einem natürlichen Plateau aus hat man einen grandiosen Blick auf den tiefblauen und selbst im Hochsommer recht frischen Walensee und die im Norden anschließenden Felsregionen der »Churfirsten«, einer mächtigen Felsformation mit nahezu senkrecht zum See abfallenden Wänden. Ein Anblick wie geschaffen für das Fotoalbum. Dann aber geht es wieder hinab ins Seeztal. Der imposante Turm des Schlosses Sargans dominiert bereits von weitem den Anblick des Ortes, wacht seit mehr als 750 Jahren über das Sarganser Land. In dem hoch auf steilem Fels thronenden Schloss erzählt ein Museum die Geschichte von Stadt und Land. Im angrenzenden »Torkelkeller« lädt der St. Gallener Weinbauverband zur Degustation seiner Köstlichkeiten. Aber bitte erst nach dieser Tour! Ach ja, die Taxifahrt zurück zum Quartier am Walensee kostet übrigens nur ein paar Fränkli. Bevor wir Richtung Bad Ragaz düsen, setzen wir noch kurz den Blinker rechts und erkunden das liebliche Weisstannental bis zu dessen Schluss tief in der Nordflanke der Glarner Alpen.

Die Hauptattraktion des nahen Bad Ragaz ist zweifelsohne die »Tamina Therme«, deren 34° C warmes Thermalwasser ganzjährig wohl temperiertes Badevergnügen garantiert. Ideal zum Beispiel zur Entspannung sämtlicher Rücken- und Gesäßmuskeln nach einem langen Tag im Mopedsattel. Beinahe nur einen Steinwurf entfernt Richtung Süden liegt dann Maienfeld vor uns, ein beschaulicher Ort, der sich ganz und gar dem Thema »Heidi« gewidmet hat. Das berühmte Heidihaus liegt etwas außerhalb auf einer Anhöhe – wenn Sie genügend Zeit im Tankrucksack haben, gönnen Sie sich einen kleinen Abstecher. Der alten Jugenderinnerungen zuliebe. Dann schwingen wir in einem zweiten Abstecher in das südwestlich angrenzende Taminatal. Dessen Zutritt regelt spektakulär die Taminaschlucht. Sie lässt die immense Kraft des Wassers auf eindrückliche Weise erfahren. Mitten in der Schlucht liegt der älteste barocke Bäderbau der Schweiz, Bad Pfäfers. Bereits 1382 erstmals urkundlich erwähnt, war dessen erster Badearzt 1535 kein Geringerer als der berühmte Naturforscher und Philosoph Paracelsus. 1969 wurde der Badebetrieb allerdings eingestellt, heute stehen dem Besucher das Kloster- und Badmuseum sowie die Schlucht selbst zur Besichtigung offen.

Ein echtes Kontrastprogramm empfängt uns zurück im Rheintal. Ja, Sie lesen richtig: Unser deutscher Gevatter Rhein ist eigentlich Schweizer Quellwasser, entspringt am Graubündner Oberalppass und schlängelt sich über Chur, Bad Ragaz sowie als natürliche Grenze zum nahe liegenden Fürstentum Liechtenstein durch diese herrliche Bergwelt. Leider zerteilt die A13 das ansonsten recht hübsche Rheintal flussaufwärts und so genehmigen wir uns nach einem langen Blick auf Chur bei Landquart lieber einen Abstecher Richtung Osten, hinein ins Prättigau. Doch keine Sorge, Chur und seine umliegenden Schönheiten, wie zum Beispiel Arosa, gönnen wir uns noch ausführlich in der Graubünden-Tour dieses Buches (Tour 3).

DIE HEIDI- UND THEMEN-SCHIFF-FAHRT AUF DEM WALENSEE

Der Schiffsbetrieb Walensee hat sich mächtig viel einfallen lassen, um dieses landschaftliche Kleinod seinen Besuchern und Gästen zu präsentieren. Angefangen von Spezialfahrten (Frühstücks-, Nachtfahrten) über Käse-Wein-Seminare, Maroni- und Trockenfleisch-Fahrten sowie Raclette-Plausch reichen die angebotenen kulinarischen Verführungen auf »hoher See«. Und Kombinationsfahrten mit dem 2005 erstmals aufgeführten und begeistert aufgenommenen Walenstädter »Heidi-Musical« zaubern unvergessliche Stimmungen, runden jeden Besuch im Heidiland perfekt ab.

Infos unter www.walenseeschiff.ch und www.heidimusical.ch.

Ganz allmählich nur steigt die Strecke an, windet sich zu Füßen der Rätikon-Südflanke hinauf nach Klosters. Nun mögen auch 600 Höhenmeter verteilt auf gut 40 Kilometer Länge nicht unbedingt atemberaubend sein, die Schönheiten des Prättigau-Tales rechtfertigen diesen Abstecher allemal. Und auch hier schließt unser Graubünden-Kapitel sozusagen nahtlos an (Tour 3).

Eine satte Prise Kurvenschwung

Bevor wir uns abends zurück am Walensee dem perfekten Tagesausklang widmen, empfehle ich noch einen Abstecher hinauf zu den »Churfirsten«. Folgen Sie einfach dem Weg-

Nicht nur für das Kind in uns: das Heididorf in Maienfeld Oben: Hochwassermarken am Walensee zeugen von dessen Unbändigkeit.

Das Schloss Sargans mit seinem Torkelkeller wacht seit 750 Jahren über das Heidiland.

Rechte Seite oben: Traumhaft schön: Das Klöntal mit seinem gleichnamigen Speichersee.

weiser nach Walenstadtberg und fahren Sie die Hauptstraße bis zu deren Ende. Die Ausblicke rechts und links des Lenkers sind eine tolle Vorspeise vor den kulinarischen Genüssen unten am See. Eine satte Prise Kurvenschwung vom Feinsten und durchaus befahrbare Wege, wo so manche Karte gar keine mehr vermuten lässt, prägen unsere zweite Tour durch Heidis Heimat. Zunächst einmal schlängeln wir uns am Südufer des Walensees Richtung Westen. Ganz Eilige können hierbei die vignettenpflichtige A3 Richtung Zürich wählen, ich empfehle die Hauptstrasse 3 mit herrlichen Ausblicken auf den allmählich erwachenden See. Entlang dieser auf halber Höhe verlaufenden Straße liegen übrigens ebenfalls eine Hand voll schöner Übernachtungsmöglichkeiten, deren Zimmer mit Aussicht allerdings auch ihren Preis haben. Nahe Teufwinkel verlässt die Straße den See und windet sich durch kleine Dörfer entlang des Kerenzer Berges nach Näfels und weiter nach Netstal mit seinen typischen Glarner Häusern. Eigentlich logisch, denn gleich um die Ecke begrüßt uns

FÜRSTENTUM LIECHTENSTEIN

Waren Sie schon einmal zu Besuch in einem echten Fürstentum? So einem der letzten souveränen Unikate eines mehr und mehr konformistischen Europas?
Das Fürstentum Liechtenstein, nur einen Steinwurf nördlich von Sargans, ist so ein Unikat – übrigens das einzige Land der Welt, dessen Name direkt von einem Adelsgeschlecht abstammt. Und mit 25 km Länge, 12 km Breite und ganzen 160 km² Fläche nimmt die Erkundung des bereits 1342 als Grafschaft gegründeten Fürstentums auch nicht allzu viel Zeit in Anspruch. Und Grenzformalitäten brauchen Sie auch nicht erdulden – ganz im Gegenteil: Bei ordentlicher Kurvenhatz kann man den schlichten Grenzstein des Fürstentums leicht übersehen. Vor allem Vaduz als quicklebendige Mixtur aus Tradition und Moderne, als Hauptstadt des souveränen Landes lohnt einen Besuch. Zwar wird es Normalsterblichen meistens verwehrt sein, Staatsoberhaupt Fürst Hans-Adam II. persönlich die Hand zu schütteln oder gar ihn auf seiner von Ferne etwas unscheinbaren Residenz hoch über der Stadt zu besuchen, aber schlendern Sie dennoch einmal durch den sehenswerten Ort mit seiner auto- und auch motorradfreien Altstadt.
Zum Beispiel als abendlicher Abstecher in eine irgendwie andere Welt. Zahlreiche Cafés und Restaurants laden im Herzen von Vaduz zur Einkehr. Und Geldwechsel ist auch nicht vonnöten – beglichen wird die anschließende Rechnung in Schweizer Franken.

Infos unter www.liechtenstein.li.

ja auch Glarus, die »kleinste Hauptstadt der Schweiz« in einem der tiefsten Täler des Landes. Bereits Ligurer, Kelten und Römer siedelten hier, hinterließen allerorten ihre Spuren. Vertreten wir uns doch in den engen Gassen ein wenig die Beine, bevor wir uns einem ersten Highlight dieses Tages zuwenden – dem Klöntal. »Der Klöntalersee gehört zu den unglaublichen Naturschönheiten, die kein Traum errät.« So schwärmte Carl Spitteler, der Schweizer Nobelpreisträger für Literatur, nach seinen Wanderungen durch das Hochtal. Während dieses alpine Juwel unzähligen Malern und Fotografen seine Schönheiten ganzjährig präsentiert, uns Bikern bietet es von Frühling bis weit in den Herbst vor allem eines: Kurvenschwung vom Feinsten inmitten einer atemberaubenden Landschaft. Nehmen Sie sich Zeit, schalten Sie einen Gang zurück und pendeln Sie durch diese Pracht. Bis hinauf zum

Unten: Liechtenstein und seine Hauptstadt Vaduz lohnen einen Kurzbesuch.

DIE HEILE-WELT-FIGUR HEIDI

Heidi ist gerade fünf Jahre alt, als ihre sie bis dahin allein erziehende Tante Dete das Mädchen beim Großvater auf der Alp abgibt. Denn Tante Dete kann Heidi nicht mehr gebrauchen, hat sie doch einen lukrativen Job in Frankfurt angenommen. Heidi darf fortan mit dem Großvater, genannt Alpöhi, und dessen Sohn, dem Geißenpeter auf dem Berg leben. Sie kann sich gar nicht satt sehen an der Vielfalt der Alpenblumen, staunt über das Wunder, wenn die Sonne am Abend die Felswände in glühend rotes Licht taucht; sie liebt die Ziegen und fühlt sich zum ersten Mal in ihrem Leben rundherum glücklich. Und Heidi bringt mit ihrem lebhaften Erzählen viel Licht und Freude in Großvaters und Geißenpeters Alltag. Doch nach zwei Jahren erscheint Tante Dete plötzlich und nimmt Heidi mit nach Frankfurt als Gesellschafterin für ein gelähmtes Mädchen. Dort erwartet Heidi eine völlig neue Welt: statt Bergen, Wiesen und rauschenden Tannen eine graue Stadt mit unheimlich vielen Menschen. Glücklicherweise ordnet bald schon der Hausarzt der Familie Heidis Heimreise an, nachdem diese vor lauter Heimweh ernsthaft erkrankt und sogar beim Nachtwandeln ertappt wird. Heidi – kaum zurück auf der Alp – ist selig, wieder beim Großvater zu sein, die Tannen rauschen zu hören, den Raubvogel beobachten zu können. Rasch wird sie gesund. Nach und nach locken ihre Erzählungen von dieser heilen Schweizer Bergwelt ihre Freunde aus Frankfurt ebenfalls in Heidis Heimat und nach vielen Abenteuern versammelt das Mädchen im Laufe der Zeit alle ihr lieb gewordenen Menschen um sich auf dem Berg und im Dörfli im Tal.
Die Schweizer Schriftstellerin Johanna Spyri (1827–1901) gilt als Pionierin der Jugendliteratur, veröffentlichte 48 Werke, doch nur mit ihrer Romanfigur Heidi gelang ihr der internationale Durchbruch. Heidis Erlebnisse wurden in über 50 Sprachen übersetzt und in ebenso vielen Millionen Exemplaren verkauft.

Pragelpass auf 1 550 Meter. Und falls auch Ihre Straßenkarte an dieser Stelle nur noch einen gestrichelten Wanderweg aufweist, lassen Sie sich nicht beirren. Der Weg ins benachbarte Muothatal ist mit Grundkenntnissen alpinen Passfahrens problemlos zu befahren. Auf teilweise einspuriger Strecke geht es kurvenreich bergab, nur bei plötzlichen Wetterumschwüngen und einsetzendem Regen verwandelt sich die durch Steinschlag und Lehm verschmutzte Fahrbahn in eine gefährliche Rutschpartie. Dann empfehle ich rechtzeitig umzukehren.

Zurück in Glarus gönnen wir uns abschließend noch ein weiteres Highlight aus der Riege der Glarner Täler. In Schwanden folgen wir dem Wegweiser nach Matt und Elm. Denn hier in Elm zeigt es sich wieder einmal, dass es gar nicht so schlecht sein muss, einmal im Leben der Letzte zu sein. Ganz am Ende des malerischen Sernftales liegt das ehemalige Viehhändlerdorf mit seinen weit verstreuten Gehöften und gerade einmal 800 Einwohnern vollkommen idyllisch, beschützt durch die Gipfel der Glarner Alpen. Als einstmals letzte Rast am wichtigen Saumweg über den Panixer Pass wurde Elm immerhin vom Europarat zum »Dorf mit nationaler Bedeutung« ausgezeichnet. Haben Sie vielleicht Wanderschuhe im Gepäck? Dann unternehmen Sie doch von hier aus einen Marsch in das angrenzende Naturschutzgebiet um Gandstöck und Charenstock – es lohnt sich und Bewegung schadet bekanntlich auch uns Bikern nicht. Allen anderen winkt als vollwertige Entschädigung ein erneut leckerer Tagesausklang am Walensee. Auch eine Alternative.

Idyllischer Schluss: Das Kirchlein von St. Martin im Taminatal wartet auf unseren Besuch.

Linke Seite: Heidis heile Welt: Wohnstube mit Puppen im originalen Heidihaus in Maienfeld

ALLGEMEINES

Rund um den Walensee (A 2), einen der saubersten Gewässer der Schweiz, erstreckt sich die Ferienregion Heidiland. Der See, umgeben von den steilen Zacken der Churfirsten wird auch gerne als »Fjord des Südens« oder gar »Riviera der Ostschweiz« bezeichnet, wobei seine Wassertemperatur allerdings selbst im Hochsommer eher in Richtung Fjord geht. In dieser Mixtur aus engen Tälern und richtig hohen Bergen siedelte die Schweizer Schriftstellerin Johanna Spyri ihre berühmten Kindergeschichten aus einer wahrhaft heilen Welt an.

Und auf unseren Touren durch das Heidiland erkennt man rasch, warum

sie sich gerade diese Region aussuchte: Hier gibt es auch heute, über 100 Jahre später, immer noch eine äußerst satte Portion »heile Welt« zu entdecken.

MEINE SCHÖNSTE REISEZEIT

Das Heidiland empfehle ich für den Frühsommer oder den Herbst, denn dann gehören nicht nur die herrlichen Pisten abseits der Hauptverkehrsströme uns Bikern nahezu allein. Auch die touristischen Highlights wie das Heididorf in Maienfeld (A 3), die Thermen in Bad Ragaz (A 3) und die Ausflugsfahrten auf dem Walensee sind nicht mehr so überlaufen wie zur sommerlichen Ferienzeit. Denn das Heidiland ist auch bei den Schweizern eine sehr beliebte Urlaubsdestination.

MOTORRADFAHREN

Mit Ausnahme vielleicht des beschriebenen Pragelpasses (A 1) verlangen die Touren im Heidiland keine explizite Motorraderfahrung, sie eignen sich auf Grund der Straßenverhältnisse und Steigungen nicht nur für alle Motorräder, sondern auch für Anfänger und alte Hasen gleichermaßen.

SEHENSWERTES

Die Sonnenterrasse Amden (A 2) hoch über dem Walensee (A 2) überrascht durch ein riesiges Wandertouren-Angebot. Der Kerenzerberg bietet die längste Sommerrodelbahn der Schweiz und sogar ein neues Bergevent für Wagemutige: tollkühne Abfahrten auf Tretrollern.

Die Walensee-Schifffahrt bringt Wanderer und Genießer zu so exotischen Orten wie Quinten (A 2), dem südlichsten Dorf des Nordens, wo nebst einem hervorragenden Wein auch Feigen wachsen. Ideal ist die Ferienregion Heidiland auch für Ausritte mit Mountainbike, Rad oder Inlineskates. Kleine Dörfer und historische Städtchen wie Flums, Berschis, Walenstadt, Sargans, Mels, Weisstannen, Mädris und Vermol (alle A 3) überraschen durch kunsthistorische Schätze und Bad Ragaz (A 3), der Jungbrunnen Europas, ist seit Jahrhunderten bekannt als eines der führenden Thermalbäder. Wo früher Könige und Edelleute sich verwöhnen ließen, ist heute jeder Gast König und genießt in den Thermalbädern Entspannung vom Alltag. Das Alte Bad in Pfäfers entführt in die gute alte Bädertradition inmitten der wildromantischen Bergkulisse des Taminatals (A 3).

Und nicht zu vergessen und unbedingt zu empfehlen: Das »echte Heidi-Haus« in Maienfeld (A 3) öffnet jedes Jahr von Mitte März bis Mitte November seine Pforten für eine Reise in die eigene Kindheit.

ESSEN UND TRINKEN

Kulinarisch bietet das Heidiland neben deftig, bodenständiger Schweizer Küche auch alle Annehmlichkeiten, die so ein Dasein im Her-

Oben: Ausblick auf Tour 3: Das Städtchen Chur am noch blutjungen Gevatter Rhein
Rechts: Hautenge Pisten führen zu den schönsten Plätzen in den Schweizer Bergen.

Macht Lust auf mehr: Das Heidiland ganz im Norden bei Amden.

zen Europas heutzutage mit sich bringt. Der berühmte »Italiener um die Ecke« ist ebenso selbstverständlich wie ab und an sogar ein Chinese.

UNTERKUNFT

Eine gemütliche Bleibe fand ich in Walenstadt (A 2) im Hotel Seehof mit traumhafter Lage direkt am Seeufer sowie guter Restauration und gemütlichen Zimmern.

Hotel Restaurant Seehof,
Seestraße 104, 8880 Walenstadt,
Tel.: +41(0)81/735 12 45,
E-Mail: info@seehof-walenstaadt.ch,
Internet: www.seehof-walenstadt.ch.

In Bad Ragaz (A 3) fand ich das Hotel Tamina, ein historisches Jugendstilhaus mit dennoch bodenständig gebliebenen Preisen im Herzen des Ortes.

Sorell Hotel Tamina,
Am Platz 3, 7310 Bad Ragaz,
Tel.: +41(0)81/303 71 71,
E-Mail: info@hoteltamina.ch,
Internet: www.hotel-tamina.ch.

ADRESSEN UND INTERNET

Ferienregion Heidiland,
Valenserstr. 6, CH-7310 Bad Ragaz,
Tel.: +41(0)81/720 08 20,
E-Mail: info@heidiland.com (A 3)

Schiffsbetrieb Walensee AG,
Walenseestrasse 18,
8882 Unterterzen,
Tel.: +41(0)81/720 34 34,
E-Mail: info@walenseeschiff.ch (A 2)

Heididorf mit Heidihaus,
7304 Maienfeld,
Tel.: +41(0)81/330 19 12,
E-Mail: info@heididorf.ch.

www.heidiland.com.
www.walensee.ch,
www.heidihaus.ch (A 3)

Groß und mächtig

Auf anspruchsvollen Pisten hoch hinaus – im abwechslungsreichen 6-Regionen-Herz Graubünden

TOUR 3 GRAUBÜNDEN

Erst 1803, als die freiheitliche Zukunft der Schweizer Alpenrepublik inklusive neuer Verfassung weitestgehend »in trockenen Tüchern« war, da entschloss sich auch Graubünden, gemeinsam mit fünf weiteren Kantonen, der Helvetischen Republik beizutreten. Und sich mit einem Gebiet von über 7 100 km^2 sogleich als dessen größter Kanton zu etablieren. Vom Furka- und Oberalp- bis zum Ofenpass, vom Rätikon bis zum San Bernardino erstreckt sich einer der landschaftlich abwechslungsreichsten Kantone der Schweiz, dessen Herz wir in diesem Kapitel erforschen wollen.

Vorangehende Doppelseite: Höher geht's nimmer: Avers-Juf ist das höchstgelegene, dauerhaft bewohnte Dorf der Alpen.

Nicht nur der Weg ist das Ziel: Arosa auf satten 1 800 Metern lohnt auch im Sommer einen Besuch.

Suchen Sie sich doch in Chur oder auch Lenzerheide ein Quartier und genießen Sie unsere folgenden Tagestouren ohne Gepäck. Vor allem Chur als älteste Stadt der Schweiz und zugleich Kantonshauptstadt liegt zwar am westlichen Rand unseres Themas, aber im Grunde niemals richtig fern. Und sie bietet viel erlebenswertes Ambiente zum Beispiel für ein abendliches Kontrastprogramm abseits des Mopedsattels. Und Chur liegt direkt zu Füßen des grandiosen Schanfigg-Tales mit seinem vor allem bei Skitouristen beliebten Highlight Arosa. Nun mag zwar Arosa im Sommer den eher zwiespältigen Eindruck eines schlafenden Skiressort-Giganten vermitteln, die kurvenreiche Sackgasse durch eben jenes Schanfigg-Tal ist ein echter fahrerischer Leckerbissen, den wir uns gleich nach Ankunft in Chur oder spätestens am nächsten Morgen gönnen sollten. 30 kehrenreiche Kilometer und gut 1 300 Höhenmeter später stehen wir dann vor Arosa inmitten einer mehr als prächtigen Bergkulisse. Eingezwängt zwischen Unter- und Obersee, am Fuß zahlreicher Fast-Dreitausender bietet der Ort im Sommer vor allem Wanderern eine unendliche Vielzahl an Möglichkeiten, Wegen und Klettersteigen jeglicher Schwierigkeitsgrade. Und uns Bikern zumindest mannigfaltige Gelegenheiten zu einem koffeinhaltigen Boxenstopp, zu einer Stärkung von Leib und Seele inmitten hochalpiner Weiten. Sollte Ihnen übrigens auf dem

Hinweg die Gashand zu sehr gejuckt haben, auf dem Rückweg nach Chur können wir all die Impressionen mitnehmen, die uns bei vorheriger Kurvenhatz entgangen sind.

Berge wachsen in den Himmel

5 000 Jahre reichen die Siedlungsspuren Churs zurück, heutzutage leben ca. 35 000 Einwohner zu Füßen von Brambrüesch und Dreibündenstein, den berühmten Churer Hausbergen. Von hier aus liegen zahlreiche Highlights der Schweiz wie die Viamala-Schlucht von Thusis oder auch unser Kapitel Heidiland (Tour 2) mit dem Walensee nur einen Steinwurf entfernt. Lenzerheide südlich von Chur ist auch so ein touristisches Highlight, das zu besuchen sich durchaus lohnt. Über die Hauptstrasse 3 schwingen wir aus Chur hinaus, über Malix und Kloster geht es zunächst zügig nach Churwalden. Rechts und links der Strecke wachsen die Bündner Berge in den Himmel, begrenzen unseren schweifenden Blick. Und gleichwohl diese Straße eine wichtige Versorgungsstrecke zwischen Chur und dem Engadin darstellt, hält sich der Verkehr doch tagsüber angenehm in Grenzen, lässt uns Zeit für gemütlichen Kurvenschwung und ausgiebiges Sightseeing. Lenzerheide lockt nicht nur Wanderer in seine Region, auch unter Mountainbikern ist der Ort mit seinem See und den traumhaften Pisten durch die umliegende Bergwelt berühmt. Wir schwingen weiter Richtung Süden, Richtung Savognin, nach einem kleinen Exkurs in die umliegende Bergwelt von Riom geht es schwungvoll um den bewaldeten Fuß des Lenzer Hornes herum Richtung Davos. Der Abzweig auf den Albulapass ermöglicht uns hier zum ersten Mal den Wechsel zum Kapitel Engadin (Tour 4). Doch ich empfehle, Graubünden eine weitere ausgiebige Chance zu geben. Außerdem wartet ein paar Kilometer weiter noch ein zweiter Abzweig ins Engadin.

Davos rühmt sich als die mit 1 600m »höchstgelegene Ferien- und Kongressstadt Europas«. Sie zögern auch gerade ob dieser Aussage, erinnern Sie sich noch an Arosas 1 800 Höhenmeter? Nun, die Feinheit liegt wie so oft im Detail: Arosa ist ein Bergdorf, Davos ist eine Stadt. Et voilá – obiger werbewirksamer Titel gehört also in der Tat Davos. Schon Thomas Mann weilte hier zur Kur, sammelte in den Heilkliniken Fakten und Eindrücke für sein wohl größtes Werk, den »Zauberberg«. Und gleichwohl der Davoser Kurbetrieb in diesem Werk nicht unbedingt im positiven Licht geschildert wurde, haben sich die heute knapp 13 000 Einwohner längst mit dem 1955 gestorbenen Schriftsteller versöhnt. Denn mit seiner Hilfe wurde das zwar heilklimatische, ehemals aber eher verschlafene Bergdorf sozusagen auf einen Schlag weltberühmt. Und heutzutage weit über 1,5 Millionen Übernachtungen pro Jahr versöhnen im Laufe der Zeit selbst mit den eigenwilligsten Kritikern.

Versprochene Alternativen

Lassen Sie uns noch einen kurzen Blick auf den Davoser See am Stadtrand werfen, dessen

Links: Zimmer mit Aussicht: Burg Riom vor den Toren von Savognin

Rechts: Für Sportler ein Gedicht: Lenzerheide und seine Umgebung

Spontan entdeckt: Das Hochtal von St. Antonien ist ein echter Geheimtipp.

VIAMALA

Haben Sie jemals den unvergessenen Gert Fröbe in diesem hochalpinen und ebenso dramatischen Historienschinken »Viamala« gesehen? Eine grandiose schauspielerische Leistung, basierend auf dem 1934 veröffentlichten, gleichnamigen Roman von John Knittel. Ob nun dieser jähzornige Sägewerksbesitzer Jonas Laurentz, der seine gesamte Familie bis aufs Blut malträtierte, jemals südlich von Thusis gelebt hat, ist ungewiss. Sicher ist allerdings, dass eben jene Schlucht, gegraben in Jahrmillionen von den Wassern des hier noch jungen Rheins, bereits zu Römerzeiten Teil des Handelsweges zwischen Lindau und Mailand war. Später verkehrte hier der so genannte Mailänder Bote, ein US-Postkutschen ähnlicher Kurierdienst. Die spektakulärsten Abschnitte der Schlucht lassen sich heutzutage bequem über Leitern und Holzsteige erkunden. Ein Parkplatz mit Kiosk hütet derweil das Motorrad und bietet Stärkung nach der Rückkehr.
Sehr sehenswert ... auch ohne Gert Fröbe jemals erlebt zu haben.

Infos unter www.thusis-viamala.ch.

knapp 4 km langes Ufer zu Fuß oder mit dem Rad umrundet werden kann. Und während wir noch gemütlich das Visier zur Weiterfahrt schließen, zweigt nach wenigen Metern bereits die B 28 Richtung Flüelapass ab. Hier haben Sie die versprochene zweite Möglichkeit, direkt in unser Kapitel »Engadin« zu wechseln. Mein Tipp: Bleiben Sie »auf der Spur« und erkunden Sie das Engadin zum Beispiel im Anschluss an Graubünden. Dass es sich lohnt, das steht außer Zweifel.

Über Klosters schwingen wir am Nordhang des Rätikon durch das hübsche Prätigau-Tal Richtung Landquart. Zwar trägt diese Piste ausnahmsweise einmal kein »grünes Band«, dennoch – ich habe zweifellos schon wesentlich langweiligere Strecken in all den Jahren im Mopedsattel erlebt! Vor allem der Abstecher rechter Hand hinauf in die überraschende Einsamkeit der Berge Richtung St. Antonien ist atemberaubend schön. Und das nicht nur im Herbst zur Zeit der Laubfärbung. Der Tag wird sich bereits dem Ende zu neigen, wenn wir uns in Landquart unserem Domizil in Chur zuwenden. Lassen Sie doch den Abend in der sehenswerten Altstadt ausklingen – bei echten Schweizer Genüssen aus Küche und Weinkeller. Denn morgen steht eine satte Portion Kurvenschwung vom Feinsten auf unserem Roadbook. Das braucht Kraft und gut genährte Nerven.

Tour mit Erholungsgarantie

Den Westen Graubündens dominiert die Hauptstrasse 19 als Hauptverkehrsachse Richtung Luzern sowie Wallis und Tessin. Dementsprechend werden wir auf unserer heutigen Tour zumindest diese Straße kaum für uns allein haben. Deshalb wollen wir jede sich bie-

Berühmt und urgewaltig: Die Viamala-Schlucht vor den Toren von Thusis

tende Möglichkeit nutzen, den Blinker links zu setzen. Denn dort wartet gemütliche Kurvenhatz abseits aller Hektik darauf entdeckt zu werden. Und am Ende dieses Tages wird erneut eine reiche Auswahl an weiteren Touren und Themen direkt vor Ihrem Windshield auf Sie warten. Doch davon später mehr.

Bereits in Tamins bietet der erste Abzweig Richtung Bonaduz und Versam eine Chance, dem Verkehr zu entwischen. Hinter dem Versamer Tobel, einem vor allem zur Frühjahrs-Schneeschmelze reißenden Gebirgsbach, liegt der »Grand Canyon der Schweiz«, die Ruinaulta-Schlucht, ein Eldorado für River-Rafter und Kanuten. Das Örtchen Versam selbst ist das Tor ins Safiental, eine kleine, heile Bergwelt mit hübschen Panoramen.

Dafür trifft uns auf dem Rückweg bei Flims der Verkehr der B 19 wie ein Faustschlag. Setzen wir deshalb wenige Kilometer weiter bei Ilanz erneut den Blinker links, tauchen wir ab Richtung Vals, zur Valser Hochtalstraße. Zwischen Almen und Felslandschaften düsen wir entlang des Valser Rhein ins Herz der Graubündner Alpen. Prächtige Rechts-Links-Kombinationen auf freier Strecke abseits allen Verkehrs lassen die Gashand mächtig jucken. Einsame Bergdörfer und Gehöfte säumen den Weg, nur wenige Pensionen und Gasthöfe bieten ihren Gästen dafür aber ein Quartier mit integrierter »Erholungsgarantie«. Hier tickt auch unsere Mopeduhr umgehend ein bisschen langsamer, hier ist das grüne Band auf der Landkarte doppelt so breit gezeichnet wie die Straße selbst unter unseren Reifen und somit besitzt sie ihre Auszeichnung zweifelsohne zu Recht. Die Sackgasse entführt uns ohne Vorwarnung aus dem touristischen Herzen Graubündens in eine andere, vollkommen stille Welt. Mehr als nur toll!

Ganz am Talschluss wartet dann Vals mit unzähligen Wandermöglichkeiten und dem

Groß und mächtig: Das Frunthorn über dem Zervreila-Stausee früh am Morgen

Nachfolgende Doppelseite: In das Berner Oberland und das Emmental schwingen wir in Kapitel 8.

Im beschaulichen Abseits: Das Bergdorf Cons im Vrinser Tal zeigt ein Graubünden zwischen Gestern und Heute.

hoch gelegenen Zervreila-Stausee auf uns, ein Pausenplätzchen ganz besonderer Qualität. Alpenerfahrenen Bikern sei die weiterführende Single-Track-Piste steil bergan zu einem kleinen Aussichtsplateau hoch über dem Stausee empfohlen. Hier darf auch der omnipräsente Postbus nicht mehr weiterfahren, sodass höchstens gestresste Pkw-Fahrer den Kurvenschwung vermiesen können. Doch der letzte Aufstieg um gut 200 Höhenmeter lohnt sich und die Aussicht ist noch einen Tick grandioser. Tief unten auf dem Grund des Zervreila-Sees liegt übrigens das gleichnamige Bergdorf, dessen Bewohner in den 1950er-Jahren des letzten Jahrhunderts für den Staudamm-Bau zwangsumgesiedelt wurden. Hoffentlich hat man damals auch niemanden dort unten vergessen …

Raus aus der Einsamkeit

Für uns hat die Strecke über Meierhof den großen Vorteil, nochmals abseits der B19 unbeschwerten Kurvenschwung genießen zu können. Zum Beispiel bei einem weiteren Abstecher hinauf nach Vrins, einem sonnenreichen Hochtal mit hübschen Bergdörfern. Denn bald darauf ist Schluss mit Einsamkeit. Disentis am Westrand der Surselva ist ein Drehkreuz des Verkehrs zwischen Graubünden, Zentralschweiz, Berner Oberland und dem Tessin. Und genau diese Kapitel aus unserem Buch stehen Ihnen hier im weiteren Verlauf zur Auswahl. Um allerdings unser Thema »Graubünden« vernünftig abzurunden, empfehle ich an dieser Stelle, noch einmal und erneut gen Süden abzuzweigen. Nehmen wir sodann ordentlich Anlauf zur Ersteigung des Passo del Lucomagno, schwingen anschließend hinunter in den Ostzipfel des Tessin, gestatten uns eine vielleicht erste satte Prise dieser sonnenverwöhnten Italo-Schweizer Melange, bevor wir über Biasca und Castione wieder forsch die Höhen erklimmen. Denn ganz am Ende einer anfänglich gut ausgebauten Straße wartet ja noch der Passo del San Bernardino auf uns. Und der sollte wie so viele Eintragungen ebenfalls in keinem Roadbook fehlen.

DIE WEISSE FRAU VON OBERSAXEN

Nicht vergessen haben die Menschen hier in der Surselva die Begebenheit an einem Weihnachtsabend vor vielen, vielen Jahren. Ein bettelarmer Mann ging von Meierhof kommend heimwärts, als ihm eine Kutsche begegnete, gelenkt von einer Frau ganz in Weiß. Plötzlich und vollkommen unerwartet hielt die Kutsche neben ihm, die Frau deutete auf einen verlorenen Radnagel und bat den Mann, ihr rasch einen neuen zu schnitzen. Dies tat er auch, schnitzte mit seinem Messer aus dem Holz eines alten Baumes am Wegesrand einen Ersatznagel, so gut er nur konnte. Die Frau bedankte sich, wies den Mann an, tunlichst alle Schnitzspäne vom Boden aufzuheben und mitzunehmen. Er tat, wie geheißen, wunderte sich aber sehr über diese so merkwürdige Begegnung. Erst daheim leerte er seine Taschen und siehe da, anstelle der Holzspäne fielen pure Goldstückchen aus seiner Jacke. Von da an mussten er und seine sieben Kinder nie mehr hungern.

So fahrerisch einfach der Südanstieg des Passes durch malerische Landschaften auch sein mag, die San-Bernardino-Nordrampe führt uns entlang der alten Viamala-Pass-Straße in vielen Serpentinen zu Tal. Übrigens: Mit ein wenig Zeit im Tankrucksack drehe ich jedes Mal im Örtchen Hinterrhein um und gönne mir die fahrerisch wesentlich anspruchsvollere Nordrampe noch einmal bergauf. Oder machen Sie es wie so manche Schweizer Töfffahrer an sonnigen Wochenenden: auf der alten Nordrampe hoch zum Pass, weiter ins Örtchen Bernardino und via Schnelltunnel retour nach Hochrhein. Und dann erneut hinauf zum Pass und hinunter …

Bevor sich sodann der Kreis unserer heutigen Tour und damit die Erkundung des Graubündner Herzens schließt, darf ein letzter Abstecher keinesfalls fehlen. In Andeer zweigt sie scharf rechts ab, die Bergstraße hinauf nach Avers-Juf, dem höchstgelegenen, dauerhaft bewohnten Dorf der Alpen. Auf streckenweise schmaler, aber ordentlicher Piste geht es 25 km bergan, lauschen Sie während der Fahrt auf die Hupsignale des Postbusses. Gleichwohl dessen Fahrer wahre Meister ihres Faches sind, kann eine Begegnung auf engstem Raum auch den Blutdruck alter Bikerhasen zur Explosion bringen. Wer sich nach all der Mühe ein ganz besonderes Nachtquartier gönnen möchte, fragt in der Pension Edelweiß auf satten 2 126 m Höhe nach einem freien Bett. Hier sind Sie in Ihren Träumen dem Himmel ein großes Stück näher. Allerdings in einer auch für Stadtmenschen wie mich jedes Mal wieder gewöhnungsbedürftigen Höhenlage …

Haben Sie jetzt Lust auf noch mehr Hochalpines? Lust auf eine ganz andere Seite Graubündens? Auf eine Geschichte vom Dach der Alpen? Dann lesen Sie weiter im Kapitel »Engadin«, erfahren Sie, wie meine Begeisterung für dieses Land vor vielen Jahren entstand.

Abwechslungsreiche Pflicht: Der San Bernardino-Pass gehört auf das Roadbook eines jeden Bikers.

ALLGEMEINES

Mit gut 7 100 Quadratkilometern ist Graubünden der größte Schweizer Kanton, er umfasst ca. ein Sechstel der Gesamtfläche des Landes. Und mit 150 Tälern, 615 Seen und 937 Berggipfeln ist diese typische Gebirgsregion reich gesegnet.

90 Prozent des Bündner Bodens liegen über 1 200 Meter und beinahe die Hälfte der Bevölkerung lebt auf über 1 000 Metern.

Doch viel interessanter als jede Statistik ist das Land selbst, sind seine Menschen mit ihrer unikaten Dreisprachigkeit, seine weitgehend artengeschützte Natur und natürlich die herrlichen Motorradstrecken, die all diese prächtigen Details miteinander verbinden und die Region zu einem beliebten Urlaubsziel machen.

In Graubünden werden übrigens ganz offiziell drei Sprachen gesprochen: Deutsch, Romanisch und Italienisch. In Wirklichkeit aber gibt es von jeder Sprache ungezählte Dialekte und Idiome. Graubünden ist damit der wohl vielsprachigste, vielleicht sogar der vielseitigste Kanton der Schweiz.

MEINE SCHÖNSTE REISEZEIT

Graubünden hat mit seinem natürlichen Reichtum an Landschaften im Grunde ganzjährig Saison. Für Biker bietet der hoch gelegene Kanton ab dem späten Frühling bis weit in den beständigen Herbst hinein prachtvolle Tourenmöglichkeiten.

Meine schönste Reisezeit für Graubünden ist die Zeit zwischen Mai und Juni sowie der Oktober. Dann hat man das Land und seine Menschen oftmals ganz für sich allein.

MOTORRADFAHREN

Graubünden bietet nahezu die gesamte Palette alpinen Motorradfahrens. Von kurvenreichen Tälern und aussichtsreichen Höhenwegen für die erkundungsfreudige Genussfahrer-Fraktion bis zu anspruchsvollen Pässen als echte Schräglagen-Herausforderung reicht das Angebot. Hier kann ein jeder Biker seine ganz persönlichen Vorstellungen einer gelungenen Tour verwirklichen.

Nur eines sollte gerade bei einem Besuch in Graubünden niemals fehlen: genügend Zeit im Tankrucksack!

SEHENSWERTES

Um 1850 begann in Graubünden ein zaghafter Tourismus, die ersten Mineralquellen wurden erschlossen, die gute Höhenluft förderte den auch heute noch erlebenswerten Bäder- und Kurtourismus.

Aber auch jeder Art von Bergsport inklusive Mountainbiken, Drachen- und Gleitschirmfliegen lässt sich hier nach Lust und Laune frönen. Während der alljährlichen Heißluftballon-Woche in Flims (Anfang Oktober) kann man hoch hinaus und die ganze Pracht aus der Vogelperspektive betrachten.

Zahlreiche Wochen- und Viehmärkte oder auch die Schafschur in Savognin (B 3) geben einen schönen Einblick in den Alltag der Menschen. Das alles inmitten einer augenscheinlich heilen Bergwelt mit historisch gewachsenen Bergdörfern und lebendigen Traditionen.

ESSEN UND TRINKEN

Kulinarische Köstlichkeiten wie das Bündnerfleisch oder die Bündner Nusstorte sind ohnehin weltbekannt. Im wahrsten Sinne des Wortes ganz natürlich kommen Valser und Rhäzünser Mineralwasser aus den Bergen in die Flaschen.

Apropos: Die Bündner Weingüter sind zwar vergleichsweise recht bescheiden in ihrer Größe, verfügen aber über Spitzenweine ganz unterschiedlichster Charaktere. Und wer Hopfen und Malz bevorzugt, kennt die würzigen Biere der Sorte Calanda oder die höchste Bierbrauerei Europas in Monstein bei Davos (A 4).

UNTERKUNFT

Auch in puncto Übernachtung bietet der Kanton die gesamte Bandbreite

Dem Himmel ganz nah: Historisches Hotel »Belvedere« am Furkapass.

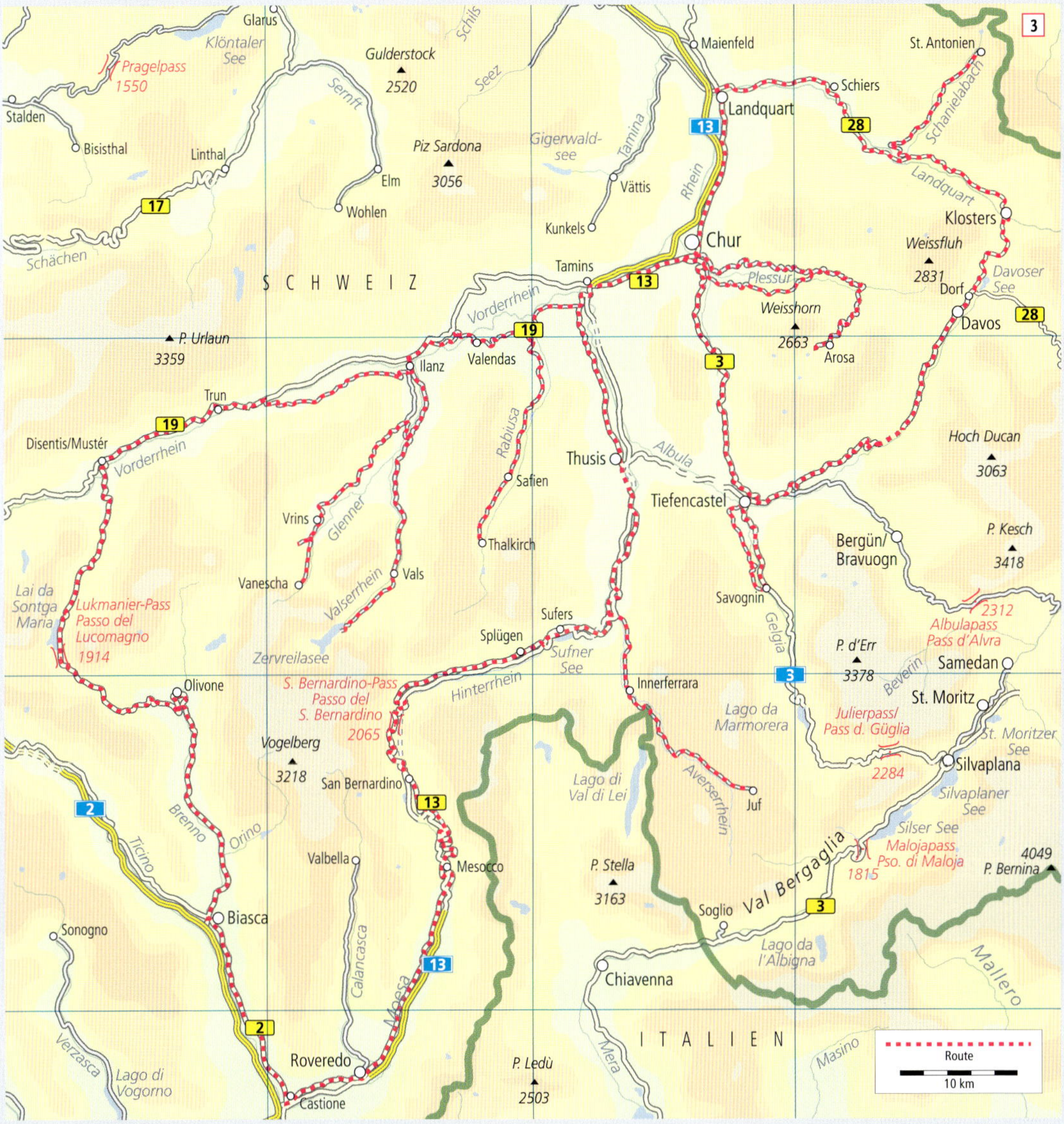

an Möglichkeiten, angefangen von hübschen Campingplätzen über zahlreiche Gasthöfe und gemütliche Pensionen bis hin zu ausgezeichneten Hotels.
Eine gemütliche Bleibe fand ich in Chur (A3) im Comfort Hotel Post, mitten in der Altstadt-Fußgängerzone, Poststrasse 11, 7002 Chur, Tel.: +41(0)81/255 84 84, E-Mail: info@comforthotelpost.ch, Internet: www.comforthotelpost.ch.

In Thusis (B 4): Hotel Weiss Kreuz von Nicole und Thomas Rüegg-Banzer, Neudorfstr. 50, CH–7430 Thusis, Tel.: +41(0)81/650 08 50, E-Mail: info@weisskreuz.ch, Internet: www.weisskreuz.ch

ADRESSEN UND INTERNET

Graubünden Ferien, Alexanderstr. 24, CH–7001 Chur, Tel. :+41(0)81/254 24 24, E-Mail: contact@graubuenden.ch.

Chur Tourismus, Bahnhofplatz 3, CH–7000 Chur, Tel.: +41(0)81/252 18 18, E-Mail: info@churtourismus.ch.
Davos Tourismus- und Sportzentrum, Talstrasse 41, CH–7270 Davos, Tel.: +41(0)81/415 21 21, E-Mail: info@davos.ch.

www.graubuenden.ch.
www.churtourismus.ch.
www.davos.ch.

Engadiner Sinnesfreuden

Atemberaubendes Dach der Alpen, spannende Geschichten und 1001 Kurve – ein Erlebnis für alle Sinne

TOUR 4 ENGADIN

Vorangehende Doppelseite: Im Grunde perfekt: Der Anstieg zum Albulapass mit Blick auf La Punt

Wanderparadies Engadin: Nehmen Sie Bergschuhe mit. Es lohnt sich!

So fern von allem, so metaphysisch … hier ist gut leben, in dieser starken, hellen Luft, wo die Natur auf wunderliche Weise zugleich wild, feierlich und geheimnisvoll ist. Wohl wahr, der schönste Winkel der Erde …« So jubelte Friedrich Nietzsche, als er seine kreativsten Sommermonate 1881 bis 1888 im Oberengadin verbrachte. Und obwohl der föhnige Malojawind den Schriftsteller mit Kopfschmerzen und Fieber quälte, während er nächtens im trüben Schein einer Kerze die Gedanken seiner Wanderungen niederschrieb, zog es ihn doch Jahr für Jahr wieder in die Bergwelt des Engadin.

Auch heute noch entzieht sich das Dach Europas jeglichem Versuch einer sachlichen Beschreibung. Die überraschende Weiträumigkeit seiner Pässe lädt ein zum Durchatmen, die urplötzliche Enge der Seitentäler zwingt zur Besinnung auf das Wesentliche. Schneefall an Hochsommertagen ist genauso selbstverständlich wie warme Frühlingswinde aus dem Süden inmitten eines scheinbar unendlichen Winters. Den Reiz des Engadins gänzlich ohne Emotionen zu beschreiben, hieße das Unmögliche zu versuchen.

Verständlich also, dass dieses Land der harten und intensiven Farben auch mich von Anfang an in seinen Bann gezogen hatte. Vier Mal habe ich es in all meinen Jahren im Mopedsattel inzwischen bereist, habe die schönsten Strecken zu zwei Touren zusammengestellt. Lassen Sie sich von mir einstimmen und entführen in Nietzsches Welt. Beginnen wir unsere Touren im eindrucksvollen Ardez mit seinen stattlichen Engadiner Häusern. Farbenfrohe Sgraffitis, kunstvolle Dekorationen rund um die oftmals Schießscharten ähnelnden Fenster zieren die Bauwerke. Diese uralte, aus Italien stammende Handwerkskunst verleiht den Häusern und Höfen eine sehenswerte Eleganz. Ardez ist eine architektonische Perle des Engadin. 1 432 m hoch auf einer natürlichen Terrasse über der Inn-

Auf entlegenen Pisten geht es nach Ftan.

schlucht gelegen, ist das Dorf seit 1975 Beispielgemeinde für Denkmalpflege. Und über allem thront die 1499 im Schwabenkrieg zerstörte Burgruine Steinsberg aus dem 12. Jhd.

Ein winziger Wegweiser lockt uns weiter nach Ftan, einem beschaulichen Weiler. Die murengefährdete Single-Track-Road überdeckt unter Umständen abschnittsweise feinkörniger Kies, lassen Sie sich davon nicht beirren. Einfach einen Gang zurückschalten und die Fuhre mit ruhiger Gashand weitertreiben. Lawinen und Feuersbrünste ließen die Bewohner Ftans in den zurückliegenden Jahrhunderten niemals so recht zur Ruhe kommen, immer wieder wurden Teile des hübschen Ortes dem Erdboden gleichgemacht. Doch mit viel Enthusiasmus konnten einige der schönsten Engadiner Häuser gerettet werden. Lifte steigen von hier in die Skigebiete von Scuol auf und bringen die für die Erhaltung des Dorfes nötigen Devisen. Scuol selbst als Hauptort und größte Gemeinde des Unterengadin liegt nur wenige Kilometer weiter bergab auf unserem Weg. Das Dorf besitzt einen malerischen Dorfplatz, die Hauptattraktion sind aber zweifelsohne die berühmten Heilquellen Scuols, deren Wasser Leber-, Magen-Darm- und Stoffwechsel-Erkrankungen lindern können. Dementsprechend perfekt auf den Tourismus eingestellt empfängt uns der Ort zum Beispiel zu einem kulinarischen Boxenstopp. Frisch gestärkt geht es anschließend über den smaragdgrünen Inn nach Tarasp.

Von Mundwasser und Ritterburgen ...

Weithin sichtbar auf einem Felskegel thront das Schloss Tarasp. Perfekt fügt sich das Bauwerk in die Wildheit dieser Alpenlandschaft. Steile 500 Höhenmeter sind in Kehren zu überwinden, imposante Dreitausender ragen rechts und links des Lenkers in den tiefblauen Himmel. Eine Horde Raubritter soll um 1040 n. Chr. die Burg auf strategisch wichtigem Fels erbaut haben, um sich so in die angesehene Riege der Engadiner Burgherren einzuschleichen. Bereits 100 Jahre später starb die Sippe der frisch gebackenen Burgeigentümer allerdings mangels gesunder männlicher Nachkommen aus. Knapp vor dem endgültigen Verfall der Gemäuer von Tarasp verliebte sich Anfang des zwanzigsten Jahrhunderts der deutsche Mundwasserfabrikant Karl August Lingner in die traurigen Reste und kaufte sie für ganze 20 000 Franken. Diese entnahm er

Für Genießer geradezu geschaffen ist das Unterengadin mit Blick auf Ardez.

einfach der prall gefüllten Portokasse seiner Fabrik namens ODOL. Aus allen Ecken des Landes ließ Lingner sodann Möbel, Teppiche, Täfelungen und Wappenscheiben zusammentragen, um die Burg in ihren ursprünglichen Zustand zu versetzen. 1914 war Richtfest, 1916 sollte feierliche Einweihung sein. Doch wenige Tage vorher verstarb er, den Stein gewordenen Traum seines ersehnten Altersruhesitzes vor Augen. Tragik par excellence, oder nicht?

Ein Blick auf die Karte wird nun wahrscheinlich auch in Ihnen den Wunsch wecken, noch ein wenig tiefer in diese unberührte Bergidylle einzutauchen. Kein Problem: Ein winziges Sträßlein zweigt bei Scuol gen Osten in das Val S-charl ab, das schönste und abgelegenste Hochtal, im 14. Jhd. wegen seiner reichen Erzvorkommen über die Grenzen hinaus berühmt. Blei, Silber, ja sogar Gold wurde hier geschürft und sorgte in dem Ort mit dem merkwürdigen Namen S-charl bis ins 17. Jhd. für Reichtum und Wohlstand. Heutzutage kündet nur noch eine Schautafel an einem verrammelten Stollen vom Glanz längst vergangener Epochen.

Die Sonne streift nach dieser Tagestour bereits die Gipfel der umliegenden Dreitausender, als wir aus der Einsamkeit des Val

Traumhafter Altersruhesitz: Burg Tarasp hoch über dem Inntal

BERNINA-EXPRESS – NICHT NUR FÜR EISENBAHNER

Auf einer der schönsten Bahnstrecken der Welt fährt die Rhätische Bahn mit ihrem Bernina-Express von Chur über Pontresina und St. Moritz hinauf zum Bernina-Hospiz auf 2 253 m und weiter ins italienische Tirano. Die zum Teil abenteuerlich angelegte Bahntrasse bietet atemberaubende Ausblicke auf die Eisriesen- und Gletscherwelten der Bernina-Gruppe. Heutzutage ein Renner stand die 1910 privat erbaute Bahnlinie allerdings mehrmals vor dem Ruin. 1944 sicherte die Fusion mit der Rhätischen Bahn ihren Erhalt. Zwei Stunden dauert die Fahrt von St. Moritz über den Bernina nach Tirano und zählt zu den absoluten Highlights europäischer Eisenbahn-Erlebnisse. Rechtzeitige Platzreservierung ist unbedingt zu empfehlen.
Informationen gibt es unter www.rhb.ch.

S-charl zurück in die Lebendigkeit des Unterengadin düsen. Lassen Sie uns in Ardez oder Zernez ein gemütliches Zimmer und ein gutes Essen suchen – es darf auch gerne ein Fläschchen Engadiner Roten am Abend geben. Dazu funkelt dann draußen über dem Windshield eine für Stadtmenschen geradezu atemberaubende Vielzahl von Sternbildern zum Greifen nah.

Von Säumern und Alpenbischöfen …

»Juwele des Engadins« nennt man sie, die Orte Ardez und Guarda. Wie kaum anderswo häufen sich hier die mit Sgraffiti überreich verzierten Häuser. Oberhalb der verkehrsreichen Talstraße treiben wir anderntags unser Motorrad nach Guarda. Der Ort steht unter Denkmalschutz und gleicht einem Freilichtmuseum mit freiem Eintritt. Streifen Sie zu Fuß und vor allem ausgiebig durch die kaum lenkerbreiten Gassen. Neben Sgraffiti finden sich auch Schriftzüge in Rätoromanisch, insbesondere dem Vallader, einem von fünf verschiedenen Dialekten des Rätoromanischen an den Häuserwänden. Entlang des mächtig strömenden Inn führt uns unser weiterer Weg nach Zuoz. Im 12. Jhd. kaufte der Bischof von Chur den damaligen Bergbauernhof und baute ihn zu einem Mittelpunkt seiner Regentschaft im Oberengadin aus. 400 Jahre lang blühten kirchlicher Wandel und weltlicher Handel in trauter Zweisamkeit, bis Ende des 15. Jhd. das österreichische Kaiserheer über den Cassanapass in Richtung Zuoz zog. Doch groß war die Verwunderung der Söldner, als sie den Ort in Schutt und Asche vorfanden. Die Bewohner selbst hatten ihre schmucken Häuser angezündet, um den feindlichen Heerscharen keine Beute zu überlassen. Im 16. und 17. Jhd. wur-

***Besser zu Fuß:* Guarda, die Perle des Engadin, lohnt einen ausgiebigen Rundgang.**

Spontane Wintergrüße auch im Sommer: Der Flüelapass Anfang September.

den zahlreiche der imposanten Bürgerhäuser um den sehenswerten Dorfplatz wieder aufgebaut.

Richtig hoch hinaus

Mit anspruchsvollen Kehren möchte uns bald darauf der Albula-Pass verwöhnen. Nehmen Sie das Angebot an und genießen Sie eine der höchsten Pass-Straßen der Alpen. Doch lassen Sie bitte ein Auge auf der Fahrbahn ruhen – deren Zustand ist teilweise erbarmungswürdig. Als höchstgelege Stadt der Alpen begrüßt uns westlich des Passes Davos. Das Skiressort von internationalem Ruf würdigen wir in unserem Graubünden-Kapitel noch ausgiebiger. Uns dirigiert an diesem Tag ein Wegweiser Richtung Osten auf die kurvenreiche Strecke hinauf zum Flüelapass. Mit 2 383 m Höhe übertrumpft er den Albula noch um ganze 61 Meter. Fahren Sie trotz allen Kurvengenusses vorsichtig, denn hier können uns auch im

Highlights satt: Im Engadin füllt sich das Roadbook rasch mit namhaften Pässen.

Sommer noch die zähen Reste eines viel zu langen Alpenwinters überraschen. Bis weit in den Juni türmen sich oftmals die Altschneewälle in den schattigen Nordhangkurven, verwandeln die Straße in eine Wasserpiste. Dennoch versteht sich, dass weder Albula noch Flüela in Bikers Lebens-Roadbook fehlen dürfen. Durch das Val Susasca düsen wir anschließend zurück in Richtung Ardez.

Dort verlangt der zweite Teil unserer heutigen Tour einmal mehr eine schwer wiegende Entscheidung: Was hätten Sie gerne? Ofen- oder Maloja-Pass, stilles Val Müstair oder traumhaftes Bergell mit den Seen der Silvaplana und vor allem dem Maloja? Ich empfehle Ihnen in dieser Runde gen Süden zu schwingen, Richtung St. Moritz. Sehen und gesehen werden lautet die Devise des wohl berühmtesten Bergdorfes der Schweiz. Stars und Sternchen – auch längst verglühte – geben sich hier die Klinke in die Hand. Hotels prägen das Dorf-

***Pralle Geschichte:* Zuoz mit seinem heutzutage weit offenen Stadttor**

***Doppelt prächtig:* Die Rhätischen Alpen spiegeln sich im Schottensee am Flüelapass.**

Teure Pracht: St. Moritz in herrlicher Panoramalage am Lei Da San Murezzan

bild, traditionelle Holzbauweisen vermischen sich übergangslos mit modernen Betonbauten, der Reiz des Ursprünglichen wechselt innerhalb weniger Schritte mit architektonischer Zweckmäßigkeit. Restaurants, Souvenirläden und Einkaufspassagen bieten garantiert alles, was das Herz des Gastes wünscht und sein Kontostand bezahlen kann.

Nur wenige Kurven weiter liegt sodann das totale Kontrastprogramm vor unseren Reifen. Rechter Hand im Örtchen Silvaplana weist ein altes Schild Richtung Julierpass, ein 20 Kilometer Abstecher mit Prädikat »Unbedingt!«. Geradeaus öffnet sich urplötzlich das Inntal zur Oberengadiner Seenplatte. Tiefgründiges Schmelzwasser streitet mit azurblauem Italo-Himmel und schneeweißen Gipfelwelten um die Gunst des Augenblicks. Und wenige Kilometer weiter stehen wir vor ihm – dem Maloja, dem traumhaften Kurvenparadies inmitten hochalpiner Welten. Fahrerisch wäre der Pass gar nicht so spektakulär, böte er nicht in jeder

ST. MORITZ – VOM SEHEN UND GESEHEN WERDEN

Das einstmals vor allem durch seine Heilquellen berühmt gewordene Bergdorf St. Moritz hat sich im Laufe der letzten Jahrzehnte zielstrebig zu dem wohl bekanntesten Treffpunkt des internationalen Jetset entwickelt. Zwei erfolgreiche Winterolympiaden sowie zahlreiche Ski-Weltmeisterschaften lassen den 1 856 m hoch gelegenen, schneesicheren Kurort vor allem in der weißen Jahreszeit so richtig aufblühen. Doch auch im Sommer hat St. Moritz seine Reize, begründet in der traumhaften Lage am Rande der Oberengadiner Seen. Über 300 Sonnentage pro Jahr und das italienisch milde »Champagner-Klima« machen den Ort zu einem beliebten Ausgangspunkt für Wanderungen in die Oberengadiner Bergwelt. Nähere Infos unter www.st.moritz.ch.

Kehre wahrlich atemberaubende Ausblicke auf die Drei- und Viertausender der Bernina-Gipfel. Eine warme Brise umschmeichelt Mensch und Motorrad auf dem Weg hinunter nach Süden, herrliche Rechts-Links-Kombinationen lassen unseren Gleichgewichtssinn fröhlich schunkeln. Gas geben, anbremsen, ausholen, durchschwingen und erneut Gas geben – der Maloja ist mein Tipp für ein perfektes Training der hohen Kunst alpinen Motorradelns. Viel zu rasch sind die Kehren zu Ende und die Pass-Straße läuft in Blumenwiesen aus. Diese gehören bereits zum Bergell mit seiner im Alpensommer grandiosen Symphonie aus Farben und Formen. Klare Gipfelprofile, smaragdfarbene Gletscherseen, in Orgien aus Grün explodierende Almen stimmen mit der Gischt schmelzwasserführender Wildbäche an

Nietzsches Paradies: Der Silvaplana-See kurz vor dem Maloja-Pass

Training par excellence: Am Maloja lässt sich alpiner Kurvenschwung perfekt üben.

zu einem Lobgesang auf Mutter Natur. Und wir sind mittendrin! Von einer sonnigen Felsterrasse oberhalb Bondos empfängt uns wenig später das sehenswerte Soglio. Der Parkplatz am Ortseingang nimmt auch die Mopeds der Besucher auf, denn das Dorf selbst ist autofrei.

Idylle satt: Berghütte im Bergell mit Milchkannen

Der Ruf des Maloja

Wenn Sie mögen, nehmen Sie sich hier ein Zimmer im Stüa Granda Hotel, dem ehemaligen Pfarrhaus des Ortes, in dem sozusagen jeder Balken eine spannende Geschichte zu erzählen hat. Verweilen Sie einfach einen Tag im herrlichen Bergell.

Falls wir aber unsere Koffer noch in Zernez stehen haben, heißt es nun erneut: »Maloja: wir kommen.« Diesmal jedoch von der anderen Seite und fahrerisch erheblich anspruchsvoller. Apropos: Kurz vor Celerina gabelt sich unser Weg zum Bernina-Pass. Hier heißt es kurz in die Eisen zu steigen und möglichst rechts abzubiegen. Denn was wäre ein Besuch des Engadins ohne die Fahrt hinauf zum schönen Bernina-Pass? Das wäre natürlich sträflich unvollständig!

Falls es dieser Tag noch zulässt, gönnen Sie sich unbedingt diesen 21 km Abstecher (ansonsten eben anderntags ganz in der Früh). In weit ausholenden Kurven windet sich die Pass-Straße auf 2 330 Meter. Majestätisch langsam schiebt sich der Piz Bernina, der einzige Viertausender Graubündens, ins Bild.

BERGELL – KLEINE HEILE WELT GANZ OBEN

Gute 20 Kilometer lang und nur wenige breit zieht sich die hochalpine Landschaft des Bergell mit ihren einzigartigen Felsformationen vom Maloja-Pass hinunter in das italienische Chiavenna.
Bregaglia heißt sie auf Italienisch und bietet als Ausgangspunkt für ausgedehnte Wanderungen vor allem im Frühling und Herbst eine seltene, naturgegebene Idylle.

Der berühmte »Sentiero Storico«-Wanderweg verbindet die kulturellen und geschichtlichen Highlights dieser kleinen Region miteinander und führt aus dem hochalpinen Gelände des Maloja über Soglio und Europas größten Edelkastanienwald hinunter nach Chiavenna, hinein in typisch italienische Lebendigkeit.

Informationen unter www.bregaglia.ch.

Am 18. September 1850 stand ein Bündner als Erster auf dessen Gipfel, ein Ereignis, von dem die Menschen hier auch heute noch mit Stolz berichten. Eine durchaus verständliche Regung, nachdem sämtliche andere Gipfel des Landes von Engländern erstbestiegen worden waren. Auf der Passhöhe angekommen, gönnen wir dem heiß gefahrenen Motorrad eine ausgiebige Verschnaufpause und lassen unsere Blicke weit hinunter ins Val Poschiavo schweifen.

Und gleichwohl es im nächsten Kapitel in das Tessin geht, in eine brodelnde Mischung aus Schweiz und Italien, bin ich sicher, auch Sie werden hier oben auf dem Dach der Welt gerne einen Seitenkoffer abstellen, um eines Tages zurückzukehren.

Wiederkommen in Nietzsches Engadin und das lieblich-verträumte Bergell. Zurück zu den prächtigen Dörfern entlang des reißenden Inn, in eine Welt aus harten Kontrasten und leuchtenden Farben. Und zurückkehren zu den Menschen, die – einfach, herzlich und heimatverbunden – ihre jahrhundertealte Tradition lebendig erhalten.

Bitte nicht vergessen: Der Berninapass an der Grenze zu Italien

ALLGEMEINES

Viele Jahrhunderte war das Engadin reines Durchgangsland der wandernden Völker von Nord nach Süd und umgekehrt. Einflussreiche Familiendynastien des angrenzenden Inntales sicherten sich im Mittelalter Macht und Einfluss in der strategisch bedeutenden Bergwelt und versuchten sie gegen den Rest Österreichs sowie Italiens, Deutschlands und nicht zuletzt der Schweiz abzuschotten. Erst die Aufnahme Graubündens als 15. Kanton in die Eidgenossenschaft besiegelte auch die bis heute gültige Zugehörigkeit des Engadin zur Alpenrepublik Schweiz.

MEINE SCHÖNSTE REISEZEIT

Im späten Frühling und im Sommer. Das gesamte Engadin blüht auf und an plötzliche Wintereinbrüche braucht man ein paar Wochen lang keinen Gedanken zu verschwenden.

MOTORRADFAHREN

Das Engadin bietet hochalpinen Kurvenspaß auf einem überschaubaren Areal. Ein abwechslungsreiches Potpourri aus fahrerisch anspruchsvollen Pässen und lieblichen, oftmals nahezu verkehrsfreien Seitentälern steht zur beliebigen Auswahl.

Die Straßenverhältnisse reichen von gut ausgebauten Bundesstraßen bis hin zu grobsteinigen Feldwegen. Die unterschiedlichen Wintersperren der Pässe lassen sich bei allen einschlägigen Verkehrsdiensten in Erfahrung bringen. Tankstellen existieren hauptsächlich entlang der Durchgangsrouten, in den Seitentälern und vor allem den Weilern oberhalb des Tales bestehen keine Möglich-keiten, ein leeres Benzinfass zu füllen. Also lieber rechtzeitig nachtanken.

SEHENSWERTES

Als Paradies für Wanderer ist das Engadin weithin bekannt. Aber das kleine Land hat noch viel mehr zu bieten: Mountainbiken, Gleitschirm- und Drachenfliegen zählen ebenso dazu wie Kanu-/Kajakfahrten, River-Rafting und Maultiertrekking. Dazu gibt es in nahezu jedem Dorf, jeder Stadt eigens veranstaltete Kostümfeste und Kulturtage, die das Engadiner Brauchtum lebendig halten sollen. Ganz besonders sehenswert sind zum Beispiel der traditionelle Käsemarkt in Scuol (A 4), das Alpfest »Prümaran Prà San Flurin« in Sent, das Winteraustreiben »Chalandamarz« in Ftan, aber auch die Veranstaltungen »Engadiner Esskultur« in Sent sowie die Guarda-Dorfführungen. Mitte August fegen dann Surfer aus aller Welt über den Silvaplanasee (C 2) und feiern ihren größten Event Europas in den bögigen Malojawinden. Scuol (A 4) lädt stets im Juni zu einem großen Motorradtreffen mit Dreiländerfahrt und Frühschoppen.

ESSEN UND TRINKEN

Wer kennt es nicht, das Bündner Fleisch: Luftgetrocknet und in hauchdünne Scheiben geschnitten zählt es zu den bekanntesten kulinarischen Attraktionen der Region. Aber auch überlieferte Mehlspeisen-Rezepte, wie Capuns (Spätzleteig mit Speckstücken) und Schoppa da giotta (Gerstensuppe) finden sich wieder auf den Speisekarten der Restaurants und sollten unbedingt einmal probiert werden.

UNTERKUNFT

Die Übernachtungsmöglichkeiten reichen von Berghütten über Bauernhöfe bis hin zu Luxushotels. In der

Im kurzen Bergsommer verwandeln sich die Wiesen im Bergell in eine bunte Farbenpracht.

Hochsaison an Weihnachten sowie in den Monaten Juli und August sollte man Zimmer reservieren. Diese Hotels gefielen mir ganz besonders: Das aus einem Unterengadiner Bauernhaus in drei Familiengenerationen entstandene Schlosshotel Chasté Tarasp inmitten der Einzigartigkeit des Hochtales von Tarasp direkt unterhalb der gleichnamigen Burg (A 4).
Schlosshotel Restaurant Chastè ,
CH–7553 Tarasp,
Tel.: +41(0)81/861 30 60,
E-Mail: chaste@schlosshoteltarasp.ch,
Internet: www.schlosshoteltarasp.ch

Das familiengeführte Hotel Spöl im Engadiner Stil in Zernez (A 3).
Hotel Spöl,
CH–7530 Zernez,
Tel.: +41(0)81/856 12 79,
E-Mail: info@hotel-spoel.ch,
Internet: www.hotel-spoel.ch.
Das ehemalige Pfarrhaus Soglios, jetzt als Herberge bekannt unter dem Namen Stüa Granda Hotel e Ristorante (C 1).
Stüa granda Albergo e Ristorante,
CH–7610 Soglio,
Tel.: +41(0)81/822 19 88,
E-Mail: info@stua-granda.ch,
Internet: www.stua-granda.ch.

ADRESSEN UND INTERNET

Graubünden Ferien, Alexanderstr. 24,
CH–7001 Chur, Tel.: +41(0)81/254 24 24,
E-Mail: contact@graubuenden.ch (A 1)

Pontresina Tourist Information
CH–7504 Pontresina,
Tel.: +41(0)81/838 83 00,
E-Mail: pontresina@estm.ch
www.engadin.stmoritz.ch/pontresina

Engadin-Scuol Tourismus,
Tel.: +41(0)81/861 22 22,
E-Mail: info@engadin.com.

www.engadin.ch, www.engadin.com,
www.graubuenden.ch (A 4)

Südwärts dem Himmel nah

Die Schweizer Bergwelt trifft auf italienisches Lebensgefühl – welch heftig prickelnde Mixtur

TOUR 5 TESSIN

Vorangehende Doppelseite: Herausforderung: Auf antikem Kopfsteinpflaster geht es von Airolo hinauf zum St. Gotthard-Pass.

Gut behütet: Das Castello Montebello wacht seit Jahrhunderten über Bellinzona.

Das Tessin ist der einzige Schweizer Kanton, der sich komplett auf der Alpensüdseite befindet. Hier verschmelzen Heidis heile Welt und italienisches »Dolce far niente« zu einer im Alpenraum wohl einzigartigen Mixtur. Das Ganze mit Sonne pur an überdurchschnittlich vielen Tagen im Jahr. Ein wahres Bikerparadies wartet darauf, von uns entdeckt zu werden. Immer wenn die Alpennordseite mal wieder von Atlantiktiefs mit Regen eingedeckt wird und ich für meinen Kurvenschwung neben prächtigen Straßen auch eine verlässliche Sonnengarantie suche, dann steht das Tessin ganz oben auf meinem Roadbook. Zugegeben, die Anfahrt von München aus ist auch nicht sonderlich lang und wenn ich es ganz eilig habe, dann kommt sowieso eine Vignette auf das Windshield und ein paar autobahngraue Stunden später bin ich am Ziel. Bereits oben am San Bernardino geht es meistens los, reißen die Wolken auf und eine kräftige Sonne schweißt sich durch das Regennass. Dann weiß ich, gleich bin ich im Tessin, dem südlichsten Zipfel der Schweiz. Und falls nicht nur Entspannung und Sonnetanken, sondern echter Kurvenschwung auf meinem Wunschzettel stehen, dann suche ich mir stets ein Quartier in Bellinzona, dieser perfekten Mixtur aus Stadt und Dorf, aus wünschenswerten Annehmlichkeiten und ruhigem Abseits, doch vor allem mittendrin im Thema »Tessin«. Deshalb beginnen und enden die Touren dieses Kapitels auch in eben jener Stadt.

Um so richtig in Stimmung zu kommen, machen wir zunächst einmal dem Lago Lugano unsere Aufwartung, schwingen sodann über kleinste Landstraßen hinüber zum Schweizer Zipfel des Lago Maggiore, um uns am Nachmittag das berühmte Valle Maggia als echtes Kontrastprogramm zu gönnen. Eine Tour, die es an Eindrücken und Erlebnissen in sich hat. Über Giubiasco, Mezzovico und Ponte Capriasca fahren wir auf Nebenstrecken gen

Berühmt und begehrt: Lugano mit seiner wohl einzigartigen Lage am eigenen See

Süden, ignorieren tunlichst einmal mehr die nahe Autobahn. Die zahlreichen Wegweiser nach Lugano erübrigen außerdem einen Blick auf die Landkarte. Sonnenverwöhnt am Nordufer seines eigenen gleichnamigen Sees liegend empfängt uns die Stadt mit herrlichen Ausblicken auf die grünen Hügelketten des Malcantone im Südwesten. Quirlig, mondän und lebensfroh ist Lugano, sind seine Bewohner. Wen wundert's bei dieser herrlichen Lage. Bereits im Mittelalter war der Ort ein bedeutendes Handelszentrum vor allem für Lebendvieh auf der Nord-Süd-Achse über den Gotthard-Pass. Die einstmals weithin bekannte Viehhandelsmetropole wandelte sich im Laufe der Jahrhunderte zu einem der wichtigsten Finanz- und Bankenzentren der Schweiz, ein Wirtschaftszweig, der heutzutage neben dem Tourismus der wichtigste Erfolgsfaktor der Stadt ist. Vor allem der Bau der Eisenbahnlinie durch den Gotthard-Tunnel beflügelte im 19. Jahrhundert eben jenen Tourismus. Diese Bahnlinie – an Neujahr 1882 feierlich eröffnet – erlaubte es den Erholungssuchenden, von der oftmals abenteuerlichen Überquerung des Passes in Pferdekutschen auf bequeme Zugwagons umzusteigen. Lugano erwachte rasch aus seinem touristischen Dornröschenschlaf, die Gästezahlen explodierten förmlich. Auch heute noch zählt die Stadt zu den beliebtesten Destinationen der Schweiz.

Auf geht's ins Paradies

Den schönsten Blick auf die Stadt hat man vom südlichen Vorort Paradiso aus. Folgen Sie einfach den Wegweisern am See entlang. In eben jenem Paradiso befinden wir uns sodann auch auf der richtigen Route weiter gen Süden. Eine kühn geschwungene Küstenstraße überrascht uns in nahezu jeder Kurve mit prächtigen Aussichten auf den See. Morcote, ein noch richtig verträumtes, aber nicht nur deswegen sehenswertes Küstendorf an steilem Hang ganz am Südzipfel einer natür-

Stilvoller Boxenstopp: In Morcote am Luganer See schmeckt der Capuccino doppelt lecker.

MIT DER FUNICOLARE IN DEN HIMMEL

Sind Sie schon einmal mit unbeschreiblichen 61 % Steigung Bahn gefahren? Das Ganze zu einem der wohl schönsten Aussichtsberge der Schweiz? Dann sollten Sie sich von Cassarate, einem Vorort Luganos aus mit der »Funicolare Monte Bré« auf den sonnigsten Berg der Schweiz bringen lassen. Die Standseilbahn-Linie stammt aus dem Jahre 1912, doch keine Sorge, die Wagons wurden originalgetreu nach modernsten Vorschriften nachgebaut. Und oben erwartet Sie nicht nur eine grandiose Aussicht auf Lugano, sondern auch Einkehr- und vielfältige Wandermöglichkeiten.

Infos unter www.montebre.ch.

lichen Halbinsel lädt mit zahlreichen Cafes und einer schönen Strandpromenade zu einem Boxenstopp, vielleicht auch einem zweiten Frühstück, das wir uns ruhig gönnen sollten.

Frisch gestärkt führt unsere Tour weiter um die Halbinsel herum, über Barbengo und Montagnola im Umland Luganos. Hier zweigen wir nach Westen ab und suchen uns eine weitere und satte Portion Kurvenschwung in den Hügeln von Malcantone. 26 winzige Bergdörfer dösen hier inmitten immergrünem Auf und Ab, jedes von ihnen mit einem ganz eigenen Charme.

Hektik ist im Malcantone ein Fremdwort, offensichtlich gemütlich geht es durch den Tag. Ganz gleich, welchen Abzweig Sie auch

wählen, es lohnt sich allemal. Lassen Sie sich einfach gemächlich Richtung Norden treiben.

Zurück in Mezzovico machen wir uns sodann auf den Weg an den Lago Maggiore. Und gleichwohl dessen gesamte Uferstraße gerade auch für uns Biker ein grandioses Erlebnis darstellt, beschränken wir uns in dieser Tour auf den Schweizer Teil, auf das nördliche Fünftel des Sees mit seiner Hauptattraktion Locarno am Ostrand des gewaltigen Maggia-Deltas. Gut 15 000 Einwohner leben in der zum Teil steil an einen Bergrücken angelehnten Stadt. Deren pulsierendes Zentrum in Form der kopfsteingepflasterten Piazza Grande wird dominiert vom Anblick der steil am Berg emporragenden Wallfahrtskirche Madonna del Sasso. Den schönsten Ausblick auf dieses imposante Bauwerk und die umliegende Stadt hat man von der Bergstation der »Funicolare Locarno-Orselina«. Folgen Sie einfach den kleinen Wegweisern Richtung Orselina. Von hier aus führt auch eine Standseilbahn auf den 1 672 m hohen Cimetta, Locarnos Hausberg und beliebtestes Ausflugsziel.

Sehenswertes Fünftel: Der Schweizer Teil des Lago Maggiore braucht sich wahrlich nicht zu verstecken.

Fluchtpunkt erholungssuchender Stadtmenschen: Viele Berghütten im Valle Maggia werden wieder restauriert und bewohnt.

Noch mehr Kontrastprogramm?

Dann lassen Sie uns in das Valle Maggia aufbrechen, eines der längsten Tessiner Alpentäler. Seine sehenswerte landschaftliche Bandbreite reicht von einer lieblichen Bergbauernidylle bis hin zu hohen Gipfellagen mit Gratisblick auf den schneebedeckten Basodino. Die typischen und zum Teil uralten Holzbauten in den Dörfern entlang der Strecke werden mehr und mehr zu Ferienresidenzen erholungssuchender Schweizer ausgebaut und so ganz nebenbei erfreulicherweise auch vor dem zwangsläufigen Verfall gerettet. Oberhalb des höchstgelegenen Dorfes Fusio im angrenzenden Val Lavizzara erstreckt sich der Stausee Lago Sambuco, dessen auf einer echten Pass-Straße mit 19 Spitzkehren zu erreichende Staumauer auch ein beliebter Bikertreff ist. Überhaupt sollten Sie sich alle vier nördlichen Zipfel des Valle Maggia gönnen, deren landschaftliche Unterschiede größer sind, als man dies auf so engem Raum vermuten würde. Auch das sehr ursprüngliche Val di Peccia, das Val Bavona und das Valle di Campo lohnen eine Fahrt bis zum ultimativen Talschluss. Viel zu rasch vergeht dieser Tag, viel zu bald versinkt die Sonne hinter den Gipfeln, vergoldet unseren Heimweg nach Bellinzona.

Hat Ihnen das gestrige Valle Maggia so richtig Lust auf exzessiven Kurvenschwung gemacht? Dann kommen Sie auf unserer zweiten Tessiner Runde voll und ganz auf Ihre Kosten. Versprochen! Denn nach zwei Abstechern ins Val Verzasca sowie Val Calanca machen wir uns auf den Weg zum Passo del Lucomagno, dem Lukmanier-Pass auf 1916 m Höhe. Und nach einem Abstecher zum berühmten St. Gotthard geht es zu guter Letzt weiter in unser nächstes Kapitel, das Wallis. Sie sollten also den Wecker für diesen Tag auf »verdammt früh« stellen.

Das Val Verzasca ist zwar längst nicht so verzweigt wie sein berühmter Nachbar Valle Maggia, hat aber dennoch viel Sehenswertes zu bieten. Dies umso mehr, als es sich vielleicht nicht gerade um ein Sommerferien-Wochenende handelt, an dem Sie diese Tour fahren. Denn dann kann es im Val Verzasca ziemlich voll werden, dann staut sich eine Autokolonne vom Eingang bis zum sehenswerten Talschluss im autofreien Sonogno.

Spektakulär windet sich die Straße gleich am Taleingang am Ostufer des Lago di Vogorno entlang, zahlreiche Spitzkehren – eine davon mitten in einem unbeleuchteten Felstunnel! – und dichter Baumbestand behindern zwar den weit schweifenden Blick, was aber da so ab und an durch Tannenlücken spitzt, ist wahrlich sehenswert. Erst kurz vor Vogorno weitet sich der Horizont, gibt den Blick frei auf das Felsenbett des Verzasca-Flusses. An dessen Ufer schwingen wir weiter nach Lavertezzo, einem bildhübschen, aber auch touristisch gut vermarkteten Bergdorf mit einer im wahrsten Sinne des Wortes steinalten Bogenbrücke. Während in den erfrischend kalten Felsbecken des Flusses nicht nur die Kinder des Dorfes Abkühlung suchen, fahren wir weiter bergan Richtung Sonogno. Ein großer

Erfrischend anders: Natürliche Felsbadebecken bei Vogorno im Valle Verzasca.

SCHIFFFAHRT AUF DEM LAGO MAGGIORE

Über 200 km² groß, zu 20 % der Schweiz und zu 80 % Italien zugehörig ist der Lago Maggiore nicht nur ein altbekanntes Schlagerthema, sondern er ist mit 372 m auch der tiefste See der Schweiz und gleich nach dem Gardasee der größte Italiens. Während die Uferstraßen vor allem im Sommer viel befahrene Ausflugsrouten sind, bietet die italienische Schifffahrtsgesellschaft »Navigazione Lago Maggiore« mit ihrem Ausflugsprogramm zahlreiche Möglichkeiten, den vielleicht berühmtesten See der Alpen aus ganz anderer Perspektive kennen zu lernen – nämlich vom Wasser aus. Neben vielfältigen, spontan buchbaren Teilstrecken stellt vor allem der »Lago Maggiore Express« ein ganz besonderes Angebot dar – eine Kombination aus Panorama-Eisenbahn und Panorama-Schiff. Als 1- oder 2-Tages-Programm angeboten geht es zunächst mit dem Panoramazug über zum Teil spektakuläre Trassen in das Valle Vigezzo/Centovalli und dann weiter mit dem Schiff über den Lago Maggiore. Zwischenstopps in Locarno, auf den Borromeischen Inseln im Lago Maggiore und an anderen Stationen ermöglichen ausführliche Erkundungen zu Fuß.
Weitere Infos unter www.navigazionelaghi.it.

Ein Hochtal für Dornröschen: Das Val Calanca will erst noch entdeckt werden.

Parkplatz vor dem Bergdorf sammelt alle Fahrzeuge, denn der Ort selbst hat sich als Schutz vor den Touristenströmen seit Jahren schon zu einer autofreien Zone erklärt, in die man nur mit Regionalbussen oder aber zu Fuß gelangen kann.

Zeitloser Kontrast

Für uns ist es Zeit zur Umkehr, denn im Osten des Tessins wartet das urtümliche Val Calanca darauf, von uns entdeckt zu werden. Gleich hinter Roveredo auf dem Weg zum San Bernardino zweigt der Taleingang links ab. Achtung: Das kleine Schild ist leicht zu übersehen. Dabei lohnt es sich sehr, dieses noch im touristischen Dornröschenschlaf liegende Hochtal zu erkunden. Auf ordentlicher Piste schwingen wir durch Bergdörfer, in denen die Zeit schon lange stillzustehen scheint. Noch mit Sense und kräftezehrender Handarbeit werden die steilen Hänge bearbeitet, manche Behausung ist bis heute nur zu Fuß zu erreichen. Welch ein interessanter Kontrast zur Lebendigkeit der anderen Tessiner Täler.

Hinaus aus der Unscheinbarkeit

Kennen Sie die optische Trostlosigkeit des Brennerpasses? Auch auf unserem weiteren Weg hinauf zum Passo del Lucomagno heißt es für ungefähr 17 km einfach: »Augen zu und durch.« Brutal pflügen Autobahn und Bundesstraße durch das Tal des Ticino hinauf zum St. Gotthard. Erfreulich nur, dass sich der Schwerlastverkehr trotz satter Maut auf der Autobahn versammelt. So haben wir auf der B2 zumindest freie Fahrt durch eher unscheinbare Dörfer bis nach Biasca. Und dort, gleich am Ende des Ortes, zweigt sie ab, die Piste zum Passo del Lucomagno. Kaum lassen wir das breite Flusstal hinter uns, geht es auch schon bergan inmitten der herrlichen Natur des Valle di Blenio. Nun mag der Lukmanier nicht zu den spektakulärsten, schon gar nicht zu den steilsten oder gar fahrerisch anspruchsvollsten Alpenpässen zählen, in dem Roadbook unseres Bikerlebens darf aber auch er keinesfalls

General Suvorov-Statue am St. Gotthard-Pass: Er befreite Norditalien von den Franzosen.

fehlen. Gemütlich geht es hinauf zur Passhöhe auf einem Hochplateau, am obligatorischen Pass-Restaurant findet sich der nicht weniger obligatorische Bikertreff für kantons- und grenzüberschreitende Benzingespräche. Doch die für mich schönste Ecke des Passes findet sich zweifelsohne erst zu Beginn des Abstieges Richtung Disentis und Graubünden. Denn dort liegt der imposante Lai da Sontga Maria, ein tiefblauer Speichersee mit gewaltiger 100 m hoher Betonmauer, einem Pausenplätzchen der ganz besonderen Qualität. Und wer es mag, kann sich an so manchem sonnigen Wochenende in einer der zahlreichen »Applauskurven« auf die Lauer legen und stundenlang die Kurventechnik der Kollegen benoten. Denn eine schnelle Runde über Lukmanier und St. Gotthard zählt zu den absoluten Lieblingsbeschäftigungen Tessiner und Graubündner Töfffahrer.

Apropos St. Gotthard: Bevor wir uns im weiteren Verlauf dieses Buches in das nächste herrliche Kapitel der Schweiz begeben, lassen Sie uns noch einen Pflichtabstecher zu eben jenem berühmten Alpenpass unternehmen. Kurz hinter Andermatt geht es links ab. Auf der Hauptstrasse 2 sind wir richtig, schwingen auf der historischen Passroute hinauf auf 2 100 m – ein fahrerischer Leckerbissen inmitten einer hochalpinen Region. Und am Gotthard-Hospiz auf der Scheitelhöhe nehmen wir dann bei einem leckeren Cappuccino inklusive Gratisblick auf den Lago della Piazza Abschied vom Tessin. Doch Halt – nicht so schnell! Haben Sie vielleicht noch ein wenig Zeit im Tankrucksack? Dann pendeln Sie vorher noch über die alte, kopfsteingepflasterte Gotthard-Straße hinunter nach Airolo – aber bitte mit ruhiger Gashand und einwandfreien Bremsen. Denn die mit helmtiefen Schlaglöchern übersäte Piste hat es wahrlich in sich.

Dann aber geht es endgültig weiter ins prächtige Wallis oder auch ins sehenswerte Berner Oberland oder ganz tief hinein in die Schweizer Geschichte in unserem Kapitel »Zentralschweiz«. Sie haben die Wahl – alle drei Themen warten hier oben am Gotthard sozusagen vor dem Windshield auf Sie.

Gemeinsam statt einsam: Am St. Gotthard treffen sich Biker aus allen Regionen der Schweiz und Norditaliens.

ALLGEMEINES

Die Römer brachten den Weinanbau in diese Region, hinterließen aber nicht nur mannigfaltige Spuren, sondern als italienische Besatzer im Mittelalter auch so manchen Verdruss. Italienische Adelsfamilien regierten das Land mit harter Hand, befestigten die strategisch wichtigen Städte wie Bellinzona (C 4) sowie die Straßen zum Gotthard-Pass (A 1), einem der wichtigsten Alpenpässe für den Warenverkehr.

Erst 1803 gelang den Tessinern die vollständige Abnabelung von Italien, erst da wurde die Region Mitglied der Schweizer Eidgenossenschaft. Und in der Folge wichtige Zuflucht für zahlreiche italienische Freiheitskämpfer.

Heutzutage sind die Verbindungen zu Italien fließend und werden in diesem einzigen Schweizer Kanton mit nahezu flächendeckend italienischer Amtssprache und dem Flair des einstmals verhassten Nachbarn allerorten spürbar.

MEINE SCHÖNSTE REISEZEIT

Im Sommer ist das Tessin nicht nur heiß, sondern als beliebtes Reiseziel gerade auch der Schweizer vor allem zur Ferienzeit proppenvoll.

Im Frühling und Spätherbst bekommt man hingegen bei einer oftmals stabilen, bikerfreundlichen Wetterlage alle Sehenswürdigkeiten staufrei präsentiert.

Wenn ich mich entscheiden sollte, ich würde den frühen Sommer als meine schönste Reisezeit favorisieren.

MOTORRADFAHREN

Das Tessin ist ein Bikerparadies par excellence. Namhafte, richtig hohe Pässe wechseln mit engen, kurvenreichen Alpentälern, deren Talschluss oftmals atemberaubend schön ist. Und abends oder ganz nach Belieben auch tagsüber kann man aus dieser prächtigen Bergbauernlandschaft hinabtauchen in überquellendes Leben und inmitten stilvollem »Cote d'Azur«-Feeling gemütlich Motorrad bummeln entlang des Lago Lugano (D 3/4) oder Lago Maggiore (E 1–C 3). Echte Palmen inklusive.

SEHENSWERTES

Geschichte und Traditionen, Märkte und Museen sowie sportliche Aktivitäten vielfältigster Art bietet das Tessin neben seinen landschaftlichen Highlights.

Sehr sehenswert sind u. a. die Bauernmärkte von Bellinzona (C 4), Sa. in der historischen Altstadt, Lugano (D 3) Di. + Fr., Piazza della Riforma, Locarno (C 2) Do., Piazza Grande sowie der Luganer Antiquitätenmarkt, Di., Fr., Sa., Quartiere Canova. Über 70 Museen erwarten den historisch oder an Kunst interessierten Besucher. Abenteuersportler sollten zum Kanufahren auf den Ticino (A 1) oder zum Gleitschirmfliegen in die Berge gehen. Wanderer finden eine unendliche Vielzahl an Möglichkeiten ausgehend von Basisorten in den Tälern Valle Maggia (C 2), Val Verzasca (B/C 2/3) sowie dem Valle Leventina hinauf in die Gotthard-Region (A 1). Ausführliche Programmvorschläge bietet die Tessiner Tourismusoffice umfangreich unter www.ticino-tourism.de.

ESSEN UND TRINKEN

Torta della Nonna, Polenta dolce oder auch Polenta dell'Inferno – falls Ihnen ausführliche Sprachkenntnisse fehlen, sollten Sie im Tessin unbedingt ein italienisches Wörterbuch für Ihre Bestellungen im Restaurant verwenden. Denn die Speisekarten sind umfangreich, in den typischen Lokalen oft nicht übersetzt und bergen so manche Überraschung für den Gaumen. Also sollte man die Zutaten rechtzeitig identifizieren. Oder sich von den mehrsprachigen Kellnern beraten zu lassen.

UNTERKUNFT

Eine gemütliche, ebenfalls mehrsprachige Bleibe fand ich in Bellinzona (C 4) im Mövenpick Hotel Benjaminn Garni, einem der ruhigsten und gemütlichsten Autobahn-Hotels, die ich auf meinen Reisen fand. Dazu zentral im Herzen des Themas (C 4).

Mövenpick Hotel Benjaminn Garni,
Autostrade A2,
CH–6513 Bellinzona–Monte Carasso,
Tel. +41(0)91/857 01 71,
E-Mail:
hotel.benjaminn@moevenpick.com,
Internet:
www.moevenpick-gastonomy.com.

Ebenfalls in Bellinzona liegt das Hotel-Restaurant Unione im Herzen der Stadt, ideal für abendliche Erkundungen zu Fuß (C 4).

Hotel-Ristorante Unione,
Via G.Guisan, 6500 Bellinzona,
Tel.: +41(0)91/825 55 77,
E-Mail: info@hotel-unione.ch,
Internet: www.hotel-unione.ch.

ADRESSEN UND INTERNET

Ticino Turismo, Via Lugano 12,
CH–6500 Bellinzona,
Tel.: +41(0)91/825 70 56,
E-Mail: info@ticino.ch.

Lugano Turismo, Palazzo Civico,
Riva Albertolli, Casella postale 2533,
CH–6901 Lugano,
Tel.: +41(0)91/913 32 32,
E-Mail: info@lugano-tourism.ch
Bellinzona Turismo & Eventi,
Palazzo Civico, Casella postale 1419,
6500 Bellinzona,
Tel.: +41(0)91/825 21 31,
E-Mail: info@bellinzonaturismo.ch.

www.bellinzonaturismo.ch
www.lugano-tourism.ch.
www.ticino.ch.

5
St. Gotthard/
Passo del
S. Gottardo
2108
Airolo
Lai da
Sontga
Maria
Lukmanier-Pass/
Passo del
Lucomagno
1914
Olivone
Zervreilasee
Valserrhein
St. Bernhardin/
Passo del
S. Bernardino
2065
Ticino
Lago
del Narèt
Lago
Sambucco
Lago
Tremorgio
Brenno
Vogelberg
3218
13
San Bernardino
2
Fusio
Orino
S. Carlo
Piano di Peccia
Valbella
SCHWEIZ
Ticino
Biasca
Sonogno
Bignasco
Calancasca
Bolastro
Bosco/Gurin
Rovana
Cimalmotto
Lago
d'Alzacca
Verzasca
Moesa
2
13
Maggia
2333
P. Cramalina
Maggia
Roveredo
Ribo
Lago di
Vogorno
Castione
Pioda
di Crana
2430
Isorro
Mti. di Motti
Bellinzona
Locarno
Ticino
Camoghè
2228
Melezzo or.
13
M. Tamaro
1962
ITALIEN
M. Zeda
2156
ss340
Lugano
Luino
Maggiore
2
Lago di Lugano
ITALIEN
Tresa
Lago
ss233
Lago di Como
Intra
Verbania
Route
5 km
A
B
C
D
E
1
2
3
4

Zufälle ganz besonderer Art

Eigentlich nur ein Flusstal, doch viel zu schön, um einfach nur hindurchzubrausen

TOUR 6 WALLIS

Vorangehende Doppelseite: Kurvenschwung vom Feinsten: Der Aufstieg zum Grand St. Bernhard von Martigny aus hat's in sich.

Heimat treuer Gefährten: Hier findet sich die berühmteste Hundezucht der Schweiz.

Dieses Kapitel über das Wallis entstand eines Tages im berühmten »Vorbeigehen« und eher zufällig. So wie viele Eindrücke über das Wallis zunächst eher zufällig entstehen – dann aber kräftig nachwirken. Denn eigentlich war ich auf dem Weg in die Seealpen, als mich dieses prächtige Flusstal urplötzlich innerhalb weniger Kilometer in seinen Bann zog.

Irgendwie hatte ich es wieder mal mächtig eilig, hatte zwar nur wenige Tage Urlaub, mir und meiner KLV 1000 dennoch eine ausgiebige Kurvenhatz in den französischen Seealpen versprochen. Man gönnt sich ja sonst nix und zudem waren all die grandiosen Pässe noch offen. Die Schweiz sollte eigentlich nur auf schnellen Sohlen möglichst mautfrei durchquert werden. Dazu hatte mein Routenplaner eine Tour über Luzern, den Grimselpass und dann einfach längs des Rhonetales errechnet. Bereits abends – so versprach das Programm – sollte ich in Chamonix ein hoffentlich freies Zimmer beziehen können. Das flutschte auch ganz prima, bis ich in besagtem Rhonetal auf einmal Zeit hatte, ein wenig rechts und links des Lenkers Ausschau zu halten. Was war denn das? Bereits das burgbewehrte Sion im Glanz der Nachmittagssonne beeindruckte mich mächtig. Und dann erst Martigny, ein lebensfrohes Städtchen irgendwie unentschieden schwebend zwischen Fels und Wasser, zwischen den nahen Weiten des Genfer Sees und den lebensfeindlichen Gipfeln der französischen Seealpen. Welch ein Kontrastprogramm. Toll … Ganz spontan stieg ich in die Eisen, suchte mir erst einmal mitten in der Bahnhofsgasse, der »Ave. de la Gare« ein nettes Straßencafé und warf einen langen Blick in die mitgeführte Karte.

Fast übersehen!

»Was willst du eigentlich mehr?«, fragte ich mich kopfschüttelnd nach nur wenigen Minuten. Mit Großem St. Bernhard, Col de Forclaz,

Genuss für alle Sinne: Unterwegs in den Weinbergen von Chamoson nahe Sion

mit Simplon, Nufenen und Grimsel gab es auch hier Pässe en masse. Dazwischen lagen Städte mit haufenweise roten »Unbedingt-Sehenswert«-Sternen, und jedes Tal des Wallis, jede noch so kleine Sackgasse in die hochalpine Welt trug das grüne Band besonderer landschaftlicher Schönheit. Ich war doch tatsächlich im Begriff, an einem echten Bikerhighlight vorbeizurauschen. Selten in meinem Mopedleben hatten sich meine Tourenpläne derart rasch atomisiert wie an diesem Tag in Martigny.

Bald war ein freies Zimmer gefunden und der Rest des Abends angefüllt mit einer ausgiebigen Streckenplanung. Folgen Sie mir auf den kommenden beiden Touren zu meinen beinahe unentdeckt gebliebenen Highlights des Wallis. Damit Sie nicht ebenfalls Gefahr laufen, einfach durch diesen Kanton hindurchzubrettern.

Selbstverständlich steht gleich am ersten Tag unserer Reisen durch das Wallis der Col du Grand St. Bernhard als Top-Event ganz weit oben auf unserem Roadbook. Nur 50 Kilometer geht es von Martigny aus südwärts, aber diese 50 Kilometer gehören zu den landschaftlich schönsten, die ich in meinem Leben bisher entdeckt habe. Satte 2 473 Höhenmeter warten nur darauf, von uns bezwungen zu werden. Am besten natürlich an einem Tag mit echtem Kaiserwetter. Rasch lassen wir die Baumgrenze hinter uns, rasch wird die Welt karger, ja beinahe hochalpin. Auch die Straße, anfänglich gut ausgebaut für zügiges Vorankommen, wird schmäler, passt sich mehr und mehr dem natürlichen Verlauf der Landschaft an. Kurven reihen sich aneinander wie Perlen auf einer Kette – im Falle des St. Bernhard sogar einer richtig teuren. Und dazu gibt es sozusagen gratis diese erinnerungswürdigen

1000-jährige Perle des Wallis: Die Kantonshauptstadt Sion im Tal der Rhône.

Ausblicke auf die umliegenden Walliser und Savoyer Alpen, Fotostopps sind Pflicht auf dieser Strecke. Und außerdem müssen Sie auf dem Pass ja eh bis zu drei Jahre warten …!?

Nun ja, zumindest falls Sie einen echten Bernhardiner aus der berühmten Zucht am Großen-St.-Bernhard-Pass mitnehmen wollen. Für einige Tausend Euro, versteht sich, dafür aber mit handverlesenem Stammbaum. Die gegen einen Obolus von fünf Euro zu besichtigenden Zwinger der Zuchttiere hinterlassen allerdings einen eher zwiespältigen Eindruck, müssen die besten Freunde des Menschen doch in Einzelkäfigen auf kaltem Betonboden ausharren. Gleich gegenüber liegt das die Passhöhe dominierende Hospiz des Großen St. Bernhard, traditionell eine Herberge der Reisenden. Hier bekommen aber nur diejenigen, die nachweislich zu Fuß unterwegs sind, ein Dach über dem Kopf und warme Mahlzeiten.

hinauf zum Col de Forclaz werfen, dann aber über Fully und Saillon schnurstracks hineinstoßen in die Walliser Bergwelt. Und Ihr Gepäck sollten Sie in dieser Geschichte übrigens mitnehmen, da wir nicht so bald nach Martigny zurückkehren. Stören Sie sich nicht an der das Rhonetal brutal zerteilenden A 9, suchen Sie sich vielmehr Ihren Weg über kleine Bergstraßen an den Nordhängen. Nehmen Sie zum Beispiel bei Leytron den Abstecher über die Mayens de Chamoson nach Chamoson – eine hautenge, wunderschöne Piste, auf der auch Sie beten werden, dass Ihnen kein einheimischer Lieferwagen mit landesüblicher Vmax und altersschwachen Bremsen entgegenkommen möge. Von Chamoson aus führt uns die Straße dann direkt nach Sion, der Hauptstadt des Wallis seit immerhin 1 000 Jahren. Im wärmsten Teil des Rhonetales gelegen bietet die quicklebendige Stadt zu Füßen der mächtigen Festung Valère vor allem am Feierabend alle Annehmlichkeiten, die man sich als Biker wünscht. Falls Sie also heute Morgen den Ausflug zum Großen St. Bernhard ausführlich genossen haben und sich der Tag bereits dem Ende zuneigt, stellen Sie das Motorrad einfach am Fuß der Burg ab, schlendern Sie durch die mittelalterlichen Gassen mit ihren Trödel- und Obstläden, mit winzigen Kneipen und Straßencafés und suchen Sie sich im verkehrsberuhigten Herzen Sions ein Zimmer. Das mag ein paar Fränkli mehr kosten, als außerhalb der

Der herkömmliche Tourist mit Auto oder Motorrad wird in den kommerziell geführten Gasthof verwiesen.

Und wer von Ihnen nun hier oben daran denken mag, einfach weiter südwärts zu schwingen, dem sei mahnend gesagt: Sie verpassen nicht nur ein herrliches Kapitel aus diesem Buch, sie verpassen auch echte Highlights. Lassen Sie uns deshalb umkehren, meinetwegen in Martigny noch einen Blick

Über den Wolken: Im Val d'Anniviers geht es richtig hoch hinaus.

Stadt, das umliegende Ambiente ist es aber zweifelsohne wert.

Verträumte Täler rechts und links

Bevor wir uns anderntags neuen Passfreuden zuwenden, lassen Sie uns einen langen Blick in die verträumten Täler rechts und links der Rhone werfen. Bereits früh am Morgen im prallen Sonnenschein dösend empfängt uns das berühmte Ski- und Golfressort Crans Montana inmitten der Walliser Alpen mit einer sehenswerten Vielfalt aus Neuem und Altem, aus modernen Hotelburgen und historisch verwurzelten Gasthöfen in trauter Zweisamkeit Haustür an Haustür. Jetzt im prallen Bikersommer ist der Trubel vergleichsweise gering, doch man kann sich lebhaft vorstellen, was hier im Winter an schneeweißer Gaudi abgeht.

Im Süden von Sierre, dem neben Sion wohl wichtigsten Wirtschaftsstandort des Rhonetales, liegt alsbald eine satte Portion Ursprünglichkeit als waschechtes Kontrastprogramm vor unserem Windshield. Das bezaubernde Val d'Anniviers schlängelt sich hier schnurstracks mitten hinein in die Walliser Alpen. Aus horizontfüllenden Weinbergen geht es bis weit hinauf in den ewigen Schnee. Typische Walli-

DOPPELTES VERGNÜGEN IM DOPPELTEN TAL

Mit ausreichend Zeit im Tankrucksack sollten Sie einen Tagesausflug in das zweigeteilte Tal Val d'Herens/Val d'Hérémence südlich von Sion einplanen. Und nehmen Sie möglichst Wanderschuhe mit. Nicht nur der Talschluss des Val d'Hérémence mit seinem zu Fuß oder via Seilbahn zu erreichenden, riesigen Speichersee Lac de Dix, auch Arolla am Ende des Val d'Herens bietet herrliche Möglichkeiten, zu Fuß weit in die Gletscherwelten der Walliser Alpen vorzudringen. Das Ganze sogar ohne hochalpine Fähigkeiten und Ausrüstungen – und ein wenig Bewegung abseits des Mopedsattels soll ja auch richtig gesund sein. Sagt man …
Beide Täler verbindet eine selbst an Sommertagen nur mäßig verkehrs-, dafür herrlich kurvenreiche Piste, die uns sowohl auf dem Hin-, als auch auf dem Rückweg zusätzlichen Fahrgenuss beschert.
Infos unter www.herens-vacances.ch.

Eiskalt und mächtig tief: Der Lac de Moiry am Talende des Val d'Anniviers.

ser Häuser, verkleidet mit wärmespeicherndem, künstlich gedunkeltem Holz, liegen rechts und links des Lenkers, geben den Ausblicken bis in die Unendlichkeit die nötige Bodenhaftung. »Das Tal, das irgendwo zwischen Himmel und Erde hängt«, soll Rainer Maria Rilke es genannt haben, trefflicher ist es auf jeden Fall kaum zu beschreiben. In Vissoie scheiden sich die Wege talaufwärts, rechts geht es über Grimentz hinauf zum Lac de Moiry, einem Speichersee auf 2 250 m Höhe. Als Paradies vor allem für Wanderer lockt der See aber auch uns Biker zu einem ausgiebigen Boxenstopp vor prächtigem Alpenpanorama. Zurück in Vissoie vergessen Sie auf keinen Fall den Abstecher in den anderen Zipfel des Val d'Anniviers. Bis nach Zinal auf 1 675 m Höhe geht es kurvenreich dahin. Dann am Kiesbett des Navisence ist auch für Enduros Schluss. Na ja, zumindest für die mit Gepäck und voller Beladung. Allen anderen sei an dieser Stelle gesagt, dass ein Ausflug ins lockende Geröll einen saftigen Strafzettel der Schweizer Polizei nach sich ziehen könnte – wenn sie es denn mitbekommt.

Unausweichlich Gebühren kassieren die Walliser allerdings bei dem Versuch, ihre wohl bekanntesten Täler, das Mattertal mit dem legendären Bergsteigerdorf Zermatt am Fuße des Matterhorn sowie das Saastal mit Saas-Fee an dessen Schluss, besichtigen zu wollen. Zwar sind die ordentlichen, streckenweise gut ausgebauten Pisten beider Täler mautfrei, doch deren eigentliche Highlights leider nicht. Saas-Fee und auch Zermatt können nur gegen Eintritt sowie ohne Motorrad besichtigt werden, sie sind seit vielen Jahren verkehrsfreie Zonen. Über das Muss eines Besuches von

Die Bergdörfer im Saastal liegen abseits allen Trubels.

Bröckelnde Geschichte: Alte Steinbogenbrücke im Saastal

Saas-Fee streiten vor allem Nicht-Skifahrer bis heute heftig, Zermatt hingegen lohnt einen Exkurs per pedes auf jeden Fall. Parken Sie das Moped auf einem der zahlreichen Parkplätze von Täsch und lassen Sie sich mit der »Matterhorn-Gotthard-Bahn« in das Bergdorf bringen. 1780 kamen die ersten Touristen allerdings weitaus beschwerlicher über den Theodulpass. 1838 eröffnete das erste Zermatter Hotel mit sage und schreibe drei Gästebetten seine Pforten – heutzutage stehen in Zermatt 116 Hotels und 1 800 Ferienwohnungen für 14 000 Gäste in bester Ausstattung zur Verfügung. Welch eine Entwicklung. Dennoch wandelt man auch heute noch wie verzaubert durch die Blütezeiten des Alpinismus, dies gleichwohl niemals allein und ungestört, dafür aber umgeben von immerhin 38 Viertausendern. So behaupten zumindest die Einheimischen – ich habe sie nicht nachgezählt.

Zurück im Rhonetal schwingen wir gemütlich Richtung Brig. Das nette Städtchen mit quirliger Fußgängerzone im deutschsprachigen Teil des Wallis rühmt sich nicht zu Unrecht seiner Nähe zum berühmten Simplonpass, einem der bedeutendsten Alpenübergänge nach Italien. Und tatsächlich – nur wenige Schlucke aus dem Drehzahl-Reservoir unseres Motorrades später stehen wir auf der Passhöhe, gekrönt von einem mächtigen steinernen Adler. Okay,

DER SIMPLONPASS UND SEIN GOLDENER BRUNNEN

Kaspar Jodok von Stockalper ließ im 17. Jahrhundert eine Straße über den Simplon bauen, um den Handel mit Italien zu erleichtern. Vor allem natürlich seinen eigenen Handel. Denn dieser Pass bildete das Herz seines Imperiums. In Gondo schürfte er nach Gold, im Ganter nach wertvollem Eisenerz. Und mit dem begehrten Salzmonopol besaß er den Schlüssel zu uneingeschränkter Macht, die allerdings auch mehr und mehr Feinde auf den Plan rief. Er wurde entthront, seine Güter beschlagnahmt und Jodok selbst ins Eschental auf die andere Seite des Passes verbannt. Kein Geringerer als Napoleon Bonaparte erkannte ebenfalls die Bedeutung des Passes und ließ 1801 eine Militärstraße, die »Kaiserstraße« bauen, wahrlich eine technische Meisterleistung. Über 5 000 Arbeiter schufteten vier Jahre unter teilweise unwürdigen Bedingungen für dieses Projekt. Heutzutage läuft der größte Teil des Warenstromes durch den Simplon-Tunnel, den mit ca. 20 km längsten Eisenbahntunnel der Alpen von Brig nach Varzo in Italien.
Und dort, wo sich heute die mehr und mehr schrumpfenden Eisfelder des Simplon erstrecken, soll der Sage nach früher ein verborgener Goldbrunnen gerieselt haben. Einige Männer aus den umliegenden Tälern suchten mit Hilfe einer Wünschelrute den durch mächtige Steine geschützten, Gold speienden Quell und wahrlich, sie entdeckten ihn. Doch kaum hatten sie damit begonnen, den Brunnen freizulegen, da erhob sich ein furchtbares Getöse in den umliegenden Felsen. Hals über Kopf ließen sie alles stehen und liegen und stürzten erschreckt davon. All ihre späteren Versuche, die im Stich gelassenen Geräte und damit auch den Goldbrunnen wieder aufzuspüren, blieben bis heute vergeblich.

Bikers Pflichtprogramm: Der Simplon-Pass südlich von Brig

Nachfolgende Doppelseite: Berühmt und berüchtigt: In Zermatt, zu Füßen des Matterhorns, liegt so manche Bergsteigerseele begraben.

es gibt fahrerisch erheblich anspruchsvollere Pässe, es gibt landschaftlich wesentlich spektakulärere Panoramen – aber auch den bundesstraßenähnlich ausgebauten Simplon mit seiner rekordverdächtigen Anzahl an Tunnels und Lawinenverbauungen zumindest einmal bezwungen zu haben, ist Bikers Pflicht. Bringen wir es also hinter uns und genießen einen leckeren Simplon-Cappuccino im Café auf der Passhöhe, bewacht vom Adler-Mahnmal als Erinnerung an die letzten Kriege.

Frisch gestärkt sollten wir auf unserem weiteren Weg schon sein. Es geht Richtung Osten. Neigt sich dieser Tag dem Ende zu, empfehle ich Ihnen, in Brig ein Quartier zu suchen und den anderen Morgen abzuwarten. Denn sowohl der Nufenen- als auch Grimsel- und Furkapass verlangen volle Konzentration und einen frischen Kopf.

Auf der Hauptstrasse 19 geht es stetig bergan. Diese Hauptverkehrsachse zwischen dem Wallis und dem Tessin werden wir wohl nur früh an einem Sonntagmorgen für ein paar Minuten ganz für uns allein haben. Aber die gut ausgebaute Straße mit ihren hübschen Bergdörfern rechts und links des Lenkers kann einiges an Verkehr vertragen, ohne dass es zu einem Stau kommt. Ja sie trägt sogar in einigen Abschnitten das berühmte »grüne Band«. Lassen Sie es also gemütlich angehen und schwingen Sie über Fiesch und Bellwald hinein in die Gletscherwelt der Berner Alpen.

In Ulrichen stehen Sie dann wieder einmal in diesem Buch vor der Qual der Auswahl: Der Nufenenpass, mit 2 478 m immerhin der zweithöchste der Schweiz, bringt Sie nach einem Abstecher über das italienische Airolo schwungvoll und kurvenreich mitten hinein in unser Thema »Tessin«.

Der »nur« 2 165 Meter hohe Grimselpass mit seiner echten Murmeltierfamilie, einem legendären Bikertreff sowie grandiosen Ausblicken auf den Grimselsee und die umliegenden Berner Gletscherwelten führt weiter direkt ins Berner Oberland. Oder auch an den Vierwaldstätter See, nach Luzern und damit sogleich hinein in unser Kapitel »Zentralschweiz«. Wie gesagt – Sie haben die freie Wahl. Ich kann Ihnen alle Themen wärmstens empfehlen …

Auch am Nufenenpass bieten sich immer Gelegenheiten für grenzüberschreitende Benzingespräche.

Linke Seite oben: Mahnmal des Krieges: Ein steinerner Adler wacht über den Simplon-Pass.

Linke Seite unten: Schluss mit Kurven: Das Saastal ganz am Ende beim Speichersee Mattmark.

ALLGEMEINES

Das mächtige Rhonetal von Nordost nach Südwest kombiniert mit einigen lieblicher Seitentäler – das ist das Wallis. Leicht zu übersehen, vor allem wenn man sich auf dem Weg in die italienischen oder französischen Alpen befindet. Zudem zählt das Wallis als zwar drittgrößter Kanton zu den am dünnsten besiedelten Regionen der Schweiz. Landschaftlich reicht die Bandbreite von lebensfeindlichen Viertausendern im ewigen Eis über liebliche Täler bis zu sonnenverwöhnten Ebenen mit ausgezeichneten Weinlagen. Großstädte sucht man im Wallis vergebens, selbst die Kantonshauptstadt Sion (B 1/2) mit ihren gut 30 000 Einwohnern ist immer noch überschaubar.

MEINE SCHÖNSTE REISEZEIT

Ein früher Walliser Frühling mündet in einen oftmals sonnenreichen und sogar richtig heißen Sommer, der sich wiederum bereits ab Ende August mit ersten kühlen Tagen auf den Bergen bemerkbar macht. Meine schönste Reisezeit für das Wallis sind die Monate April bis Juni und September, Oktober. Zur Sommerferienzeit im August kann es auch im Wallis recht voll werden.

MOTORRADFAHREN

Das Wallis ist nicht nur ein Paradies für Wanderer, auch wir Biker kommen hier voll und ganz auf unsere Kosten. Liebliche Talstraßen führen uns hinein in die Berge, enden im Gewirr der Felsen als kehrenreiche Hoch- oder sogar Panoramastraßen. Nicht nur für bikende Statistiker würzen zudem rechts und links des Lenkers so einige namhafte Pässe unseren Kurvenschwung. Das Ganze inmitten prächtiger Landschaften und so manch mediterraner Brise. Ideal für den Genussbiker in uns.

SEHENSWERTES

Natürlich stehen all die namhaften Pässe des Wallis ganz oben auf dem Roadbook, angefangen vom Großen St. Bernhard (C 1), dem grandiosen Übergang zwischen Wallis und Piemont, dem eingangs beschriebenen Furkapass (A 4) mit seinem Nachbarn Grimsel (A 4), dem Nufenen (A 4) als Tor zum Tessin sowie dem autobahnähnlichen Simplon (B 3) Richtung Lombardei, an dessen Ostflanke die Gondoschlucht (B 3) mit ihren 800 m aufragenden Felswänden jedes Mal aufs Neue die eigene Perspektive, die eigene Größe zurechtrückt. Aber auch die Täler rechts und links der Rhone lohnen eine ausgiebige Erkundung, allen voran meine Favoriten, das Val de Bagnes, das Val d'Herens mit Zwillingsbruder Val d'Hérémence und auch das Val d'Anniviers. Nach kurvenreichem Tagewerk gönnen Sie sich doch ein paar der sehenswerten Städte wie zum Beispiel Sion (B 1/2) als Pflichtprogramm, Leuk und Leukerbad (B 2), Sierre (B 2) oder auch Zermatt (B 2) – trotz aller geschilderten Hemmnisse ist dieses legendäre Bergsteigerdorf eine absolute Schau.

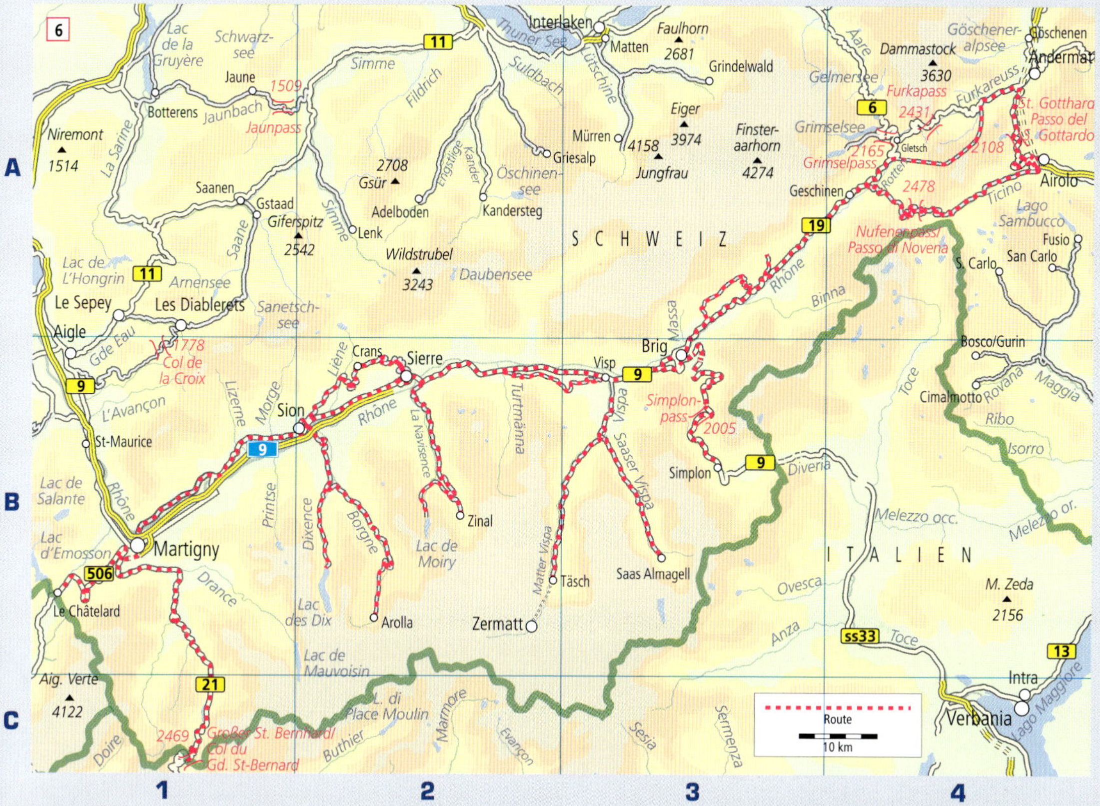

ESSEN UND TRINKEN

Garantiert keine Schutzimpfung benötigen Sie für die kulinarischen Genüsse des Wallis – zum Beispiel die Walliser Cholera, eine Raclette-Blätterteig-Köstlichkeit frisch aus dem Ofen. Ebenso lecker und recht einfach in der Zubereitung ist die Walliser Gemüsebauernsuppe.

Vielfältig ist auch die touristische Infrastruktur des Kantons. Von einfachen Berghütten über Matratzenlager, Ferienwohnungen und Pensionen bis zu Gasthöfen und Hotels jeglichen Standards reicht die Bandbreite. Vorausbuchungen sind allenfalls im August zur Sommerreisezeit empfehlenswert.

Im Walliser Dorf Enseign sind Biker stets herzlich willkommen. – und somit auch im »Café du Relais«, das wärmstens zu empfehlen ist.

UNTERKUNFT

Eine gemütliche Bleibe fand ich in Martigny im modernen, familiengeführten Stadthotel Forclaz-Touring im Ortskern. Im Restaurant sollten Sie abends einen Tisch reservieren (B 1).
Hotel Forclaz-Touring,
Rue du Léman 15, CH–1920 Martigny,
Tel.: +41(0)27/722 27 01, E-Mail:
contact@hotelforclaztouring.com
www.hotelforclaztouring.ch

In Sion im Best Western Hotel du Rhône im Herzen der Hauptstadt des Wallis (B 1/2).
Best Western Hotel du Rhône,
Rue du Scex 10, CH–1950 Sion,
Tel.: +41(0)27/322 82 91,
E-Mail: durhonesion@bestwestern.ch,

Freunden standardisierter Hotels kann ich auch das Ibis Hotel empfehlen. Ruhig gelegen, günstig im Preis mit schönen Zimmern und einem guten Service (B 1/2).
Hotel Ibis Sion, Ave. Grand-Champsec 21, CH–1950 Sion,
Tel.: +41(0)27/205 71 00,
E-Mail: H0960@accor.com,
Internet: www. ibishotel.com.

ADRESSEN UND INTERNET

Wallis Tourismus,
Rue Pré Fleuri 6, CH–1951 Sion,
Tel.: +41(0)27/327 35 70,
E-Mail: info@valais.ch
Office du Tourisme de Sion,
Place de la Planta, 1950 Sion,
Tel.: +41(0)27/327 77 27,
E-Mail: sion@coeurduvalais.ch
Office du Tourisme de Martigny,
Ave. de la Gare 6, CH–1920 Martigny,
Tel.: +41(0)27/720 49 49,
E-Mail: info@martigny.com
www.wallis.ch
www.martignytourisme.ch
www.siontourism.ch.

Fernab von Jetset & Co.

Biken im Umfeld mondäner Eleganz und prächtiger Landschaften am zweitgrößten See Mitteleuropas

TOUR 7 WAADT UND GENFER SEE

Vorangehende Doppelseite: Herbstidylle: Ein Kürbisstand in Allaman am Nordufer des Genfer Sees

Genf liegt am Südwestzipfel des gleichnamigen Sees und ist ein beliebter Wohn- und Geschäftssitz.

Ob Sie das »kleine Schwarze« oder den Smoking mit Fliege fein säuberlich im Tankrucksack gefaltet für dieses Kapitel mitnehmen müssen, fragen Sie? Keinesfalls! Denn selbst in der Finanzmetropole Genf, wie auch in Montreux und Vevey, den Tummelplätzen der High Society, bilden die ganz normalen Menschen wie wir die absolute Mehrheit. Nur in so manch noblem 5-Sterne-Hotel entlang der Uferpromenaden braucht es unter Umständen etwas Überzeugungsarbeit und die Hilfe einer goldenen Kreditkarte, damit der abendlich müde Biker ein durchaus freies Zimmer bekommt. Aber davon wollen wir uns in diesem Kapitel wahrlich nicht beeinflussen lassen. Mein Tipp: Suchen Sie sich ein freies Zimmer im Westen des Sees, auf halber Höhe in den Weinbergen gelegen mit prächtigen Ausblicken auf das Land und die Menschen.

Bevor wir uns dem Kanton Waadt mit seinen kurvenreichen Landschaften selbst widmen, lassen Sie uns in der ersten Tagestour einmal den Genfer See umrunden. Beginnen wir in Villeneuve, einem Städtchen am Rande des breiten Rhonedeltas am östlichsten Seezipfel. Ganz in der oftmals diesigen Ferne grüßt Montreux und erwartet uns für den Abend dieses Tages. Wir kreuzen die Rhone, um auf der Hauptstrasse 21 Richtung St.-Gingolph zu fahren. Immer auf Tuchfühlung mit dem See folgen wir der Uferlinie zur französischen Grenze. Mitten im Ort St.-Gingolph sortieren Schlagbaum und Grenzbeamte selbst im morgendlichen Pendlerstrom recht zügig den Verkehr, einen Augenblick später befinden wir uns bereits auf französischem Territorium, folgen der Uferstraße weiter nach Evian-les-Bains. Dessen Geschichte ist eng mit einer der berühmtesten Mineralquellen Frankreichs verbunden. In der Fußgängerzone der Altstadt steht das historische Firmengebäude der Firma Evian, hier liegt auch die »Cachat-Quelle«, aus der seit Jahrtausenden das wertvolle Nass sprudelt. 15 Jahre alt ist übrigens dieses in der Welt meistgetrunkene Quellwasser, wenn es nach einer Reise durch alle

Die stille Welt des Chablais südlich des Genfer Sees

DIE KURVENREICHE WELT DES CHABLAIS

Bereits ein flüchtiger Blick auf die Landkarte zeigt gleich außerhalb unseres Themas eine unendliche Fülle an »grünen« und damit landschaftlich reizvollen Straßen und Wegen, die den französischen Süden des Genfer Sees durchziehen. Wen wundert's, dass gerade in Thonon-Les-Bains die berühmte »Route des Grandes Alpes« ihren Anfang nimmt. Lassen Sie sich doch für ein paar Stunden und einen Abstecher durch die Hügel des Chablais treiben, folgen Sie der D26 nach Vally und weiter auf immer schmaleren Landstraßen Richtung Osten nach Forclaz. Dort unbedingt zum Aussichtspunkt »Pont de Trechauffex« abzweigen – ein Pausenplätzchen mit exzellenter Fernsicht wartet auf uns. Und ganz am Ende der Sackgasse lädt ein gemütlicher Berggasthof zur Einkehr. Über Bonnevaux, Abondance, Chatel und den »Pas de Morgins« geht es anschließend zurück in die Schweiz.

Infos unter www.chablais.info.

Gesteinsschichten der französischen Alpen ans Tageslicht tritt. Wie in alten Zeiten kann man hier in Evian seinen persönlichen Tagesbedarf auch heute noch kostenlos zapfen. Das historische Firmengebäude wurde 2005 leider geschlossen und soll zu einem Museum umgebaut werden. Darauf darf man sicherlich gespannt sein.

Französischer Abstecher

Thonon-Les-Bains wenige Kilometer weiter ist eine typisch französische Kleinstadt mit quirliger Fußgängerzone und herrlichen Ausblicken auf den Lac Léman. Und gleichwohl wir uns hier im Grunde außerhalb unseres Themas »Schweiz« befinden, empfehle ich gleich hinter Thonon die N5 zu verlassen und dem Wegweiser nach Yvoire zu folgen. Es ist ein Abstecher direkt hinein ins Mittelalter. In den engen verkehrsfreien Gassen des Dorfes haben sich zahlreiche Künstler und Handwerker ihre Existenzen fernab der Hektik unserer Tage aufgebaut, Bistros und Restaurants laden zum Verweilen und zur Einkehr. Schlendern Sie eine Runde durch eine gänzlich andere Welt.

Genf begrüßt uns einige Kilometer südwestlich bereits wieder auf Schweizer Territorium. Die zweitgrößte Stadt des Landes ist nicht nur der Sitz der UNO und anderer inter-

nationaler Organisationen, ihre Wurzeln reichen bis in die Keltenzeit zurück. Auch die Römer errichteten hier bereits einen wichtigen Brückenkopf ihres Imperiums. Den schönsten Blick auf die wohl niemals schlafende Stadt hat man vom östlichen Seeufer aus, direkt am »Jet d'Eau«, dieser jeden Besucher begrüßenden meterhohen Wasserfontäne.

Nach einer Erkundung der Stadt vielleicht mit einer Mittagspause in einem der zahlreichen Bistros oder Restaurants widmen wir uns dem Nordufer des Genfer Sees. Dessen Haupt-

Saison-Abschluss in Nyon: Eine Herbsttour um den Genfer See bleibt lange in Erinnerung.

Linke Seite: Schönste Aussicht auf das Geld: Am »Jet d'Eau« liegt das Zentrum von Genf bereits ganz nah.

Fernab jeglichen Staus: In den Weinbergen von Lutry gibt es keine roten Ampeln.

strasse 1 zählt allerdings neben der landeinwärts verlaufenden Autobahn zu den wichtigsten Verkehrsadern des Sees und so sollten wir uns nicht der Illusion hingeben, einen namhaften Abschnitt unserer Nachmittagsrunde ganz für uns allein zu haben. Dennoch lohnt es sich zweifellos, nicht nur in Nyon und Rolle den Seitenständer auszuklappen und den visierbefreiten Blick über den See schweifen zu lassen.

Herrlich gelegene Villen jeglicher Preisklassen mit Privatstränden und Bootsplätzen haben den Uferstreifen Richtung Lausanne seit Jahrzehnten fest in Besitz, zeugen vom Wohlstand einer ganzen Region. Lausanne ist nicht nur Kantonshauptstadt, sondern auch eines der wichtigsten Wirtschaftszentren des Landes. Und als Drehscheibe des Verkehrs der gesamten Westschweiz braucht es ein wenig der legendären Geduld eines Bernhardiners, bis wir die Stadt durchquert haben. Dafür entschädigt uns der weitere Weg über das bezaubernde Lutry nach Vevey. Mein Tipp: Verlassen Sie ab und zu die B 9 zu einem Abstecher in die Weinberge oberhalb des Sees. Die Ausblicke sind grandios und die allerdings oftmals wenig mehr als lenkerbreiten Pisten gehören uns allein. Nur nicht zur Weinlese, denn dann wuseln die steilen Weinberge vor Traktoren mit ihrer süßlich duftenden Fracht.

»Muchtern« soll sie einstmals geheißen haben, die Stadt Montreux, unser abendliches Ziel dieser Tour. Da klingt der heutige Name doch wesentlich eleganter, ja mondäner. Und er passt perfekt zu dieser sehenswerten Melange aus Jetset, Kunst, Musik und einem prallen Hauch des Südens. Bis zu 2 000 m aufragende Felswände schützen die Stadt selbst im Winter noch vor Frost aus dem Norden, warme italienische Föhnwinde erzeugen ein ausgesprochen mildes Klima mit beinahe schon subtropischer Vegetation vor allem am Seeufer. Dort auf einem großen Motorradparkplatz am Quai des Fleurs sollten Sie zur Erkundung der Altstadt das Bike parken und den Tag

Das gastfreundliche Bergdorf Gruyères erkundet man am besten zu Fuß.

Natur pur: Frühmorgens am Col de la Croix – und die Welt gehört uns allein.

in der meiner Meinung nach schönsten Stadt des Genfer Sees ausklingen lassen.

Zu Käse und Uhren

Den zweiten Teil dieses Kapitels widmen wir dem Hinterland des Sees, dem Kanton Waadt. Im Südosten prägen die Ausläufer der Alpen das »Waadtland«, wie es in manch alten Überlieferungen auch genannt wird, bescheren dadurch dem tourenden Biker sogar eine Hand voll Passvergnügen. Beginnen wir also genau dort unsere Tagestour, starten wir am Col de la Croix, einem 1 778 m hohen Pass, den es frühmorgens vom hübschen Bergdorf Villars-sur-Ollon ausgehend mit bis zu 12 % Steigung zu erklimmen gilt. Auf der Passhöhe warten herrliche Ausblicke auf die Schweizer Alpen auf uns. Kurven- und aussichtsreich führt uns anschließend die Pass-Straße entlang der Baumgrenze hinunter nach Les Diablerets, einem vor allem bei Wintersportlern berühmten Ort. Frühaufsteher dürfen sich hier eine koffeinhaltige Verschnaufpause gönnen und den ganz besonderen Flair eines dem nächsten Winter entgegendösenden Skiressorts genießen. Über Le Rossex folgen wir

Auf Entdeckungsreise im Hinterland des Genfer Sees.

Mach mal Pause in Mosses: Im Waadtland lohnt sich gemütliches Touren ganz besonders.

anschließend dem Vallée des Ormonts ein Stück nach Westen, biegen in Ormont-Dessous aber nach Norden ab zum Col des Mosses. 1 450 m heißt es mit lockerer Gashand kurz mitzunehmen, bevor wir über Château-d'Oex in die Haute Gruyère abzweigen. Um das sehenswerte Bergdorf Gruyères zu besuchen, müssen wir nach einem Steilanstieg auf gut ausgebauter Straße das Motorrad allerdings am Ortseingang parken und ein wenig zu Fuß durch die verkehrsfreie, touristisch geprägte historische Altstadt schlendern. Auch hier oben locken nette Cafés zu einem Boxenstopp, ebenso wie die Fromagerie und Schaukäserei am Fuß des Berges. Wie Sie die Käserei finden? Ganz einfach: Folgen Sie dem Geruch. Gegen einen geringen Obolus kann man täglich zwischen 9 und 14 Uhr die Entstehung des echten »Greyerzer« Käses verfolgen – ein Erlebnis für Augen und Nase! – und ganz nebenbei im angrenzenden Restaurant auch allerlei Köstlichkeiten rund um diesen milden, leicht nussigen Käse probieren (Infos unter www.gruyere.com).

Unbemerkt haben wir inzwischen allerdings das Waadtland verlassen und dem Kanton Fribourg einen Abstecher gewidmet. Über Bulle, Oron und Moudon schwingen wir nun aber wieder nach Westen, zurück in unser Thema. Die Ausläufer der Alpen haben wir inzwischen hinter uns gelassen. Fruchtbares, hügeliges Farmland erstreckt sich horizont-

DIE GESCHICHTE HÖCHSTER PRÄZISION

Breguet, Jaeger Le Coultre, Blancpain, Audemars Piguet – all diese wohlklingenden Namen stehen für eine ganz besondere Schweizer Erfolgsgeschichte: die der Uhren von höchster Präzision. Das Vallée de Joux im Norden des Genfer Sees ist die Wiege vieler dieser Meister hoch komplizierter Mechaniken. Bereits 1720 begann hier die bis heute andauernde Erfolgsgeschichte. Im Museum »Espace Horloger de la Vallée de Joux« in Le Sentier kann man anhand zahlreicher Exponate tief eintauchen in die spannende Geschichte der Schweizer Uhrmacherkunst und in den umliegenden, noch verbliebenen Werkstätten so manches Schnäppchen auch für das eigene Handgelenk erwerben.

Infos unter www.myvalleedejoux.ch oder www.espacehorloger.ch

Berühmte Präzision: Historische Uhrwerke im Uhrenmuseum von La Sentier im Vallée de Joux

weit rechts und links des Lenkers. Zahllose Flüsschen winden sich durch winzige Täler, Dörfer und landwirtschaftliche Gehöfte wechseln mit dunklen Waldstücken, durch die unsere Straßen führen. Wieder einmal liegt die pure Abwechslung gleich hinter der nächsten Kurve. Motorradwandern par excellence füllt rasch die Stunden. Immer zahlreicher werden dann die Wegweiser zum »Vallée de Joux« und wecken unser Interesse. Mit genügend Zeit sollte dieser Abstecher ganz hinüber zur westlichen Grenze der Schweiz keinesfalls fehlen. Denn das Vallée de Joux hat neben einer bezaubernden Landschaft abseits allen Trubels auch eine lange, spannende Geschichte zu erzählen: die der berühmten Schweizer Uhrenindustrie.

Den Tag wahrlich perfekt ausklingen lassen wir auf der Rückfahrt über die Dörfer im Herzen des Waadt. Bereits nach wenigen Kilometern beschert uns der Col de Marchairuz echtes Passvergnügen, wenn auch in einer Kurzversion. Entlang der Côte de Bière, einem bewaldeten Höhenrücken, düsen wir nach Berolle und weiter nach L'Isle, einem beschaulichen Städtchen mit hübschem Marktplatz. Auf der erneut mit einem grünen Band besonderer landschaftlicher Schönheit gekennzeichneten Straße nach Pampigny nähern wir uns spätnachmittags wieder den nördlichen Höhenrücken des Genfer Sees und können den ein oder anderen Ausblick auf das vor unserem Windshield auftauchende Lausanne genießen. All denjenigen, die Lausannes Berufsverkehr abends lieber weiträumig umfahren wollen, sei die Strecke über Cossonay, Echallens und Moudon empfohlen. Schwungvoll geht es über weite Höhenrücken und durch hübsche Dörfer. In Vevey können wir dann die weitere Tourenplanung bei einem Abendspaziergang am Ufer des Genfer Sees in wahrlich prächtiger Umgebung erledigen.

Sozusagen gleich um die Ecke schließt nämlich das Kapitel »Wallis« an, im Nordosten steht im Grunde auch nicht weit entfernt das Thema »Berner Oberland« zur Auswahl. Gründe also genug, unsere Urlaubstage in der herrlichen Schweiz einfach zu verlängern.

ALLGEMEINES

Durchschnittlich elf Jahre sollen die Wasser der Rhone benötigen, um einmal von Ost nach West durch den Genfer See zu fließen. Hauptsächlich sie sind es, die den 580 km² großen See, übrigens den größten der Schweiz, speisen. Neben Frankreich, dem knapp 40 % des Genfer Sees gehören, teilen sich drei Schweizer Kantone – Genf, Wallis und mehrheitlich Waadt – den Rest. Jenes Waadtland stellt auch landschaftlich wie kulturell den wohl größten Kontrast zu den Finanzzentren Genf (C 1) und Lausanne (B 2/3) oder gar den Hochburgen europäischer High Society, Vevey (B 3) und Montreux (B 4), dar. Eben diese auf engstem Raum vorzufindende Mixtur beinhaltet aber auch den ganz besonderen Reiz der Region. Von Montreux Uferpromenade genügt im Grunde ein satter Dreh am Gasgriff und man befindet sich in einer gänzlich anderen Welt.

MEINE SCHÖNSTE REISEZEIT

Im Sommer, vor allem zur Ferienzeit, platzen der See und seine Uferstraßen aus allen Nähten. Deshalb ist meine bevorzugte Reisezeit der Frühling oder besser noch der Herbst mit seiner Weinlese und den oftmals überraschend milden Tagen, die uns den Saisonausklang so richtig versüßen können.

MOTORRADFAHREN

Natürlich haben wir weite Strecken vor allem des Nordufers des Genfer Sees kaum jemals für uns allein. Doch vor allem an den Wochenenden trifft sich hier auch der Schweizer Töfffahrer sehr gerne mit seinesgleichen zum Sehen und Gesehenwerden, Benzingespräche in herrlicher Umgebung inklusive. Das Waadtland im Norden des Sees zählt hingegen zu den eher ruhigen Regionen der Schweiz, hier kann man gemütliche Motorrad-Touren exzessiv betreiben. Zu entdecken gibt es in den Dörfern und Städten auch abseits des Mopedsattels so manches.

SEHENSWERTES

Ein Spaziergang durch die Altstadt von Genf (C 1), vielleicht sogar mit einem Besuch der imposanten Domizile namhafter Weltorganisationen wie der UNO, ein Einkehrschwung in Vevey (B 3) und ein Sundowner an der Uferpromenade von Montreux (B 4) sind das Pflichtprogramm dieses Kapitels. Für gänzlich neue Perspektiven sorgt zum Beispiel eine Dampferfahrt auf dem Genfer See, wie sie von der CGN Compagnie Générale de Navigation sur le lac Léman an vielen Orten angeboten wird (Infos unter www.cgn.ch). Im Waadtland warten unzählige historische Ortskerne, Burgen und Schlösser darauf, entdeckt zu werden. Besichtigungen sind mit gewissen zeitlichen Einschränkungen bei im Privatbesitz befindlichen Anlagen nahezu allerorten möglich. Sehr zu empfehlen ist auch das Uhrenmuseum im Vallée de Joux sowie für Liebhaber kulinarischer Leckerbissen die Käserei in Gruyères (B 4).

ESSEN UND TRINKEN

Am und um den Genfer See ist das Preisgefüge erwartungsgemäß um gute 10 % höher als in weiten Teilen der restlichen Schweiz. Sowohl in Restaurants als auch bei Übernachtungen sollte man sich darauf ein-

stellen. Die Küche rund um den See ist wahrlich international mit einem deutlich französischen Touch. Vor allem die Norduferstraßen sind morgens und abends durch den Pendlerstrom stark belastet, auf Grund der verwinkelten Gassen müssen sich vielerorts Biker nolens volens in die Schlange einreihen.

UNTERKUNFT

Mein Tipp: Suchen Sie sich doch eine Unterkunft 15 bis 25 Kilometer abseits dieses turbulenten Geschehens am See. Zum Beispiel in Chateau-d'Oex (B 4), Leysin(C 4) oder hoch auf dem Berg in Villars-sur-Ollon.

Eine gemütliche Bleibe fand ich in Leysin im Au Bel Air Hotel der Familie Delasoie-Lamposin mit herrlichem Blick über das Rhonetal (C 4).

Hotel Au Bel Air, CH–1854 Leysin,
Tel.: +41(0)24/494 13 39,
E-Mail: info@aubelair.ch,
Internet: www.aubelair.ch.

Und in Villars-sur-Ollon, Hotel Le Bristol, CH–1884 Villas-sur-Ollon,
Tel.: +41(0)24/496 36 36,
E-Mail: info@bristol-villars.ch,
Internet: www.bristol-villars.ch.

Im historischen Yvoire ist die gute alte Zeit noch präsent.

ADRESSEN UND INTERNET

Montreux-Vevey Tourisme,
Rue du Théâtre 5, 1820 Montreux,
Tel.: +41(0)848/86 84 84,
E-Mail: info@montreuxriviera.com
Genève Tourisme,
Rue du Mont-Blanc 18, 1211 Genève 1,
Tel.: +41(0)22/909 70 00,
E-Mail: info@geneve-tourisme.ch.
Office du Tourisme du Canton de Vaud, Avenue d'Ouchy 60,
CH–1006 Lausanne,
Tel.: +41(0)21/613 26 26,
E-Mail: info@lake-geneva-region.ch
www.geneve-tourisme.ch.
www.montreux-vevey.com
www.lake-geneva-region.ch

Im Herzen von Töffland

Die perfekte Mixtur aus Gipfelglück und überschaubarer Weite, aus Kurvenschwung und erlebter Vmax

TOUR 8 BERNER OBERLAND

An keiner Stelle dieses Buches behaupte ich, im Hinblick auf die schöne Schweiz als Bikerparadies vollkommen objektiv oder gar neutral zu sein. Ganz im Gegensatz zu den Schweizern selbst. Die sind ja sozusagen personifizierte Neutralität. Ich hingegen leiste mir hier und da gerne auch eine echte Portion Gefühle bei meinen Touren durch dieses Land, sehe so manches zweifelsohne subjektiv eingefärbt bei dem Bestreben, Ihnen mit den Touren dieses Buches Motorradgenuss vom Feinsten zu bieten. Und den gibt es in diesem Kapitel par excellence.

Vorangehende Doppelseite: Alpin ist auch das Wetter: Pass Schallenberg nach einem heftigen Sommergewitter.

Einblick mit Ausblick am Thuner See: Der Alltag eines Motorrad-Journalisten ist schon hart.

Am herrlich gelegenen Thuner See beginnen stets aufs Neue meine Tagestouren durch das Berner Oberland, von hier aus sammle ich meine Eindrücke von Land und Leuten. Zum Beispiel die der Schweizer Biker oder, wie man hier sagt, der Töfffahrer mit wahrlich drei »f«. Die kann man an einem sonnigen Wochenende am besten oben auf dem Grimselpass zu Hauf studieren. Lassen Sie uns deshalb dieses Kapitel mit einem kurvenreichen Trip hinauf zu einem der bekanntesten Schweizer Pässe beginnen. Möglichst ganz früh am Morgen schwingen wir uns in die Polster unseres Mopeds und pendeln gemütlich durch das noch dösende Interlaken. Früher kurte hier der internationale Jetset. Heutzutage teilen sich Japaner, Inder und Europäer eine von Mode- und Andenkenläden geprägte Hauptstraße, die den nur in Details noch zu erahnenden Glanz ihrer Gründerjahre irgendwo auf dem langen Weg ins Heute ad acta gelegt hat. Gleich hinter den letzten Häusern öffnet sich die Landschaft zum Brienzer See. Umrahmt von Zwei- und Dreitausendern windet sich die Uferstraße oberhalb des kräuselnden Wassers entlang. Auch in Brienz selbst, dem Hauptort des Sees, erwacht wahrscheinlich gerade erst das Leben. Cafés und Restaurants laden hier und dort zum Verweilen ein, das Fährschiff sammelt laut hupend die ersten Fahrgäste auf. Auf gut ausgebauter Landstraße fliegen wir anschließend durch das Haslital, nehmen einen satten Schluck aus dem Drehmoment-Reservoir unseres Bikes und folgen einfach der

Dieser Boxenstopp ist Pflicht: Der Bikertreff am Grimselpass ist nahezu täglich gut besucht.

SPANNENDES AUS FERNEN WELTEN

Auf mystischen Spuren bewegt sich seit Jahrzehnten Erich von Däniken, der wohl umstrittenste Vergangenheitsforscher Europas. Seinen Theorien über unsere Herkunft und seinen Erklärungen der ungelösten Rätsel dieser Welt können und sollten Sie im monumentalen Mystery Park in Interlaken folgen. Doch aufgepasst: Ihr bisheriges Weltbild könnte ins Wanken geraten nach einem Rundgang durch diesen ganz anderen, spannend fremdartigen Erlebnispark.

Infos unter www.mysterypark.ch.

Beschilderung zum Grimselpass. Wer es gemütlicher angehen lassen will, sollte die Nebenstrecke über Hasliberg und Meiringen wählen. Kurz vor dem Anstieg zum Grimsel treffen wir uns dann wieder.

Der Punk geht ab

Nun weiß ich zwar nicht, wie Sie Motorrad fahren. Ich aber bin jedes Mal augenscheinlich viel zu langsam für so einen echten Schweizer Töfffahrer. Nahezu jedes Mal und pausenlos werde ich hinauf zum Pass von knallbunten Rennsemmeln überrundet. Bald darauf erkennen wir dann auch, warum. Oben auf dem Grimselpass geht nämlich bereits am späten Vormittag der Punk ab. Das Restaurant ist fest in der Hand der Lederfraktionen aus Bern und dem südlich angrenzenden Wallis, die Augen des Wirts leuchten an so einem Tag tiefgolden angesichts eines nicht endenden Zweiradstromes aus beiden Himmelsrichtungen, seine Kassen klingeln im Sekundentakt. Auch die im Sommer in einem Freiluftstall und – zugegeben – nicht besonders artgerecht zur Schau gestellte Murmeltierfamilie kommt vor lauter Schauen gar nicht zum Futtern. Versuchen wir dennoch, einige Plätze auf der beinahe immer proppenvollen Sonnenterrasse zu ergattern. Es lohnt sich – es ist eine Schau. In einer Mixtur aus Benzingesprächen und Kaffeegenuss

HOTEL

fliegt die Zeit unbemerkt nur so dahin. Und falls es Ihnen mittags dann doch zu voll werden sollte, falls das pausenlose Auspuffdröhnen zu nerven beginnt, schwingen Sie einfach ein paar Höhenmeter hinab zum legendären Grimselhospiz. Bereits 1397 stand hier unterhalb des Passes eine Unterkunft für Säumer, Viehhirten und Wanderer. Fast 500 Jahre existierte es in einzigartiger Lage irgendwie so vor sich hin, bis Mitte des 19. Jhd. ein gewisser Peter Zybach das Anwesen übernahm und es zu einem der besten Hotels der Schweiz ausbaute. Allerdings nur kurze Zeit, denn 1852 wurde sein Pachtvertrag im Hinblick auf den beginnenden Kraftwerksbau nicht mehr verlängert. Stinksauer soll er sein Haus angezündet haben, wurde der Brandstiftung überführt und verurteilt.
Heutzutage beherbergt das restaurierte und imposante Grimselhospiz erneut ein Hotel mit berühmtem Weinkeller und ist nicht nur an heißen Sommertagen ein beliebter, weil alternativer Bikertreff abseits des Trubels auf der Passhöhe.

Hochalpiner Respekt

Die Eiger-Nordwand – nicht nur Bergsteigern jagt sie so manchen Schauer über den Rücken. Das passt doch hervorragend zu einem perfekten Heimweg-Abstecher. Zurück aus den Gipfelregionen des Grimselpasses zweigen wir bei Interlaken Richtung Wilderswil ab und folgen der Beschilderung nach Grindelwald. Bald darauf stehen wir vor der gewaltigen Felskulisse oberhalb des Ortes. Grindelwalds hauseigener Gletscher verliert übrigens im heißen Sommer derart dramatisch an Substanz, dass sich die Schwarze Lütschine, der Gebirgsfluss des Grindelwalder Tales selbst im Spätsommer randvoll in seinem breiten Bett hinunter zum Thuner See wälzt. 1892 vernichtete ein verheerender Brand das gesamte Grindelwald bis auf die Kirche. Dessen demzufolge vergleichbar junge, aber nichtsdestotrotz sehenswerte Bauernhäuser verteilen sich auf mehrere natürliche Geländestufen in toller Aussichtslage. Der heutige Ort lebt ganzjährig vom Tourismus. Hochalpine Bergtouren, Gletscherwanderungen für alle Altersgruppen, Eisgrotten und die nicht nur Japaner begeisternde Fahrt mit der antiken Schmalspurzahnradbahn zum »Top of Europe«, dem auf über 3 500 Metern gelegenen Gletscherhaus des Jungfrauenjochs machen Grindelwald zu einem der beliebtesten Reiseziele der Schweiz.

Hübscher Heeresübungsplatz: Thun mit seinem Schloss Oberhofen

Linke Seite: Imposante Geschichte und Lage: Grindelwald, zu Füßen der Eiger Nordwand, hat schon viel erlebt.

Und wieder einmal liegt der Gegensatz gleich um die Ecke. »Des Menschen Seele gleicht dem Wasser: Vom Himmel kommt es, zum Himmel steigt es ewig wechselnd …«, dichtete Goethe beim Anblick der stillen, kraftspendenden Präsenz des Lauterbrunnentales. 1779 war er zu Besuch im beschaulichen gleichnamigen Hauptort mit seinem selbst an heißen Sommertagen noch imposanten Staubbach-Wasserfall. Der hintere Teil des immer enger verlaufenden Tales ist für den Verkehr komplett gesperrt – und das ist gut so. Auch wir Biker müssen nicht in jedes Eck vordringen. Zumindest nicht motorisiert. Nut-

Die historische Zahnradbahn fährt von Grindelwald aufs Jungfraujoch.

zen wir doch die Gelegenheit zu einer kleinen Wanderung. Angesichts des oftmals prächtigen Sonnenunterganges über dem See zieht es uns abends dann ins nahe liegende Thun, dem Tor zum Berner Oberland. Hier quirlt das Leben durch eine historische Altstadt, durch Fußgängerzonen und an Uferpromenaden. Alt- und Neustadt verbindet eine antike hölzerne Schleusenbrücke, verwinkelte Gässchen führen zum prachtvoll herausgeputzten Rathaus gleich unterhalb von Schloss Oberhofen. So gar nichts erinnert daran, dass dieses Städtchen der größte Übungsplatz des Schweizer Heeres sein soll. Doch Computersimulationen haben wohl auch in diesem Bereich längst das Knallen von Gewehren, das Donnern von Panzergeschützen ersetzt. Welch angenehmes Kontrastprogramm für alle Sinne.

Mitten ins Herz

Ein neuer Morgen. Die Sonne wird uns recht früh aus den Federn kitzeln und ganz allmählich wird sich bei Ihnen spätestens jetzt die Erkenntnis breit machen, am Ende dieses Buches ebenfalls überzeugter Frühaufsteher zu sein. Doch unser prallvolles Roadbook drängt zudem noch zu einem schnellen Frühstück. Das Herz des Berner Oberlandes, Frutigen-, Engstligen-, Kander- und Kiental, steht auf dem Programm, eine Reise durch herrliche Gebirgswelten zu berühmten und nicht so berühmten Ferienorten.
Schwungvoll führt uns die Straße von Spiez kommend Richtung Süden durch eine von fernen Gipfeln begrenzte Bergbauernlandschaft. Da die Schlagschatten der Berge das Kiental noch fest in ihrem Griff haben, schwingen wir erst einmal durch das herrliche Engstligental und statten Adelboden einen Besuch ab. Am Rande eines weitläufigen Hochtales in 1 350 Metern Höhe präsentiert sich das Skiressort zu Sommerzeiten als beliebter Ausgangsort für Wanderungen in die durchaus hochalpine Welt der umliegenden Dreitausender. Die einzige Straße entlang des Engstligenflusses führt uns vorbei an wirklich glücklichen Kühen auf prachtvollen Almen.

Internationale Curlingwettbewerbe machten das benachbarte Kandersteg im letzten Jahrhundert berühmt – na ja, zumindest unter Curlern. Zu echter Bekanntheit kam das ge-

FREILICHTMUSEUM BALLENBERG

Freilichtmuseen sind ja bekanntlich nicht unbedingt jedermanns Geschmack. Doch Ballenberg ist anders. Gänzlich anders. Auf dem Ballenberg ist die Schweiz so, wie sie einmal war – allerdings befreit von verstaubtem, musealem Charakter, vielmehr lebendig, offen und gestaltet zu einem Erlebnis für alle Sinne. Echte Menschen ersetzen die Schaufensterpuppen, nehmen den Besucher an die Hand, entführen ihn »live« in längst vergangene Zeiten. Der in Ehren ergraute Korbflechter kennt sein Handwerk von klein auf, der umtriebige Brotbäcker backt kein Dauergebäck für die Schauvitrine, sondern nach originaler Rezeptur für den Verkauf im angrenzenden Laden. Der Inhalt des Kessels in der uralten Käserei wird nicht allabendlich heimlich weggeschüttet, sondern unter unseren Augen zu echtem Schweizer »Chäs« nach alter Tradition verarbeitet. Ein ideales Ausflugsziel, um Land und Leute noch intensiver zu studieren.
Infos unter www.ballenberg.ch.

mütliche Dorf durch den Bau des Lötschbergtunnels, eines 15 Kilometer langen Eisenbahnstollens, der ab 1906 unter schwierigsten Bedingungen durch den massiven Fels des Balmhorns nach Goppenstein im Wallis getrieben wurde. Um dem Verkehrsaufkommen Herr zu werden, wurde die Straße durch das Kandertal ausgebaut und weitgehend begradigt, eine fahrerisch eher anspruchslose Strecke führt durch allerdings schöne Landschaften.

Als Ausgleich gibt's gleich nebenan das am Morgen bereits kurz gestreifte, liebliche Kiental. Abseits jeglicher Hektik und touristischer Betriebsamkeit liegt es vor unseren Reifen, sofern Sie den kleinen Abzweig von der Hauptstraße in Reichenbach kommend nicht übersehen. Denn das einstige Viehzentrum des Berner Oberlandes mit seinen prachtvollen Bauernhäusern lohnt zweifelsohne eine ausgiebige Besichtigung. Die einzige Straße des Tales steigt sofort mit 15 % bergan und stimmt uns auf kommende Highlights ganz an ihrem Ende ein. Im Weiler Kiental heißt es erst einmal, den Maut-Automaten zu finden, um das Ticket für die Weiterfahrt zum Talschluss zu lösen. Neben der einzigen Bäckerei linker Hand im Ort ist er angeschraubt. Vier Franken kostet die lohnende Investition.

Sommerliches Abseits: Richtig voll wird's in Adelboden nur zur Skisaison.

Das Kiental: unbeschwerter Fahrgenuss vor dem Anstieg zur Griesalp.

Tja und einige Kilometer weiter stehen auch Sie dann wahrscheinlich leicht zweifelnd vor dem Steilanstieg zur Griesalp. Inmitten einer herrlich grünen Bergwelt warnt nämlich eine überdimensionale Hinweistafel vor dem Kommenden. 23 % Steigung auf ausgesetzter, kehrenreicher und nur wenig mehr als lenkerbreiter Piste warten auf uns. Vier Kilometer purer Stress. Natürlich mit Gegenverkehr. Der straßenfüllende Postbus alle 30 Minuten, Geländewagen der Bauern von den auf der Griesalp liegenden Höfen und der ein oder andere angstverschwitzte Tourist. Ist Ihre Maschine seitenkofferbreit – überlegen Sie es sich gut. Sind sie dagegen gepäckbefreit, eventuell sogar mit wendiger Enduro oder dergleichen unterwegs, dann wagen Sie den Trip auf die Alpe. Ein schöneres Pausenplätzchen findet sich selten.

Von »pupsenden Bakterien« …

Bevor dieses Kapitel schließt, sollten wir aber unbedingt noch einen Blick ins legendäre Emmental ganz im Norden des Berner Oberlandes werfen. Denn wollten Sie nicht immer schon einmal wissen, wie die Löcher in den Schweizer Käse kommen? Zurück in Thun dirigieren wir unsere Mopeds deshalb zunächst in Richtung Steffisburg, schwingen über den 1 167 m hohen Schallenbergpass mit seinen herrlichen Rundumsichten und tauchen bei Eggiwil helmüber und ganz tief in die Welt des Emmentaler Käses ein. Und wie war das nun mit dessen Löchern …

»Das sind ganz einfach unsere pupsenden Bakterien.« lernen wir in der Schaukäserei in Affoltern, wenn wir dem »Chaser« bei der heutzutage überwiegend von Technik dominierten Arbeit zuschauen. Kein Witz: Der Milch zugesetzte Bakterien sind es, welche die Fettbestandteile des Käses während der Lagerung teilweise auffressen und dabei Kohlensäure produzieren, die sie – um nicht selbst zu platzen – ausstoßen, eben auspup…, na Sie wissen schon. Durch freigesetzte Kohlensäure entstehen also die Löcher im Schweizer Käse.

Auch für Museumsmuffel: Das Freilicht-Museum auf dem Ballenberg gewährt tiefe Einblicke in längst vergangene Zeiten.

Und dessen historische Wurzeln liegen vor allem im lieblichen Tal der Emme, dem Emmental. In Steinwurfweite des mäandrierenden Baches lassen wir uns nach dem käsigen Rundgang einfach treiben. Die Weiler und Dörfer, vollkommen natürlich gewachsen in den zurückliegenden Jahrhunderten, bieten die sehenswerte Kulisse für einen unvergesslichen Heimatfilm. Wenngleich die Berge hier im Emmental nicht wirklich hoch, die Landschaften nicht wirklich felsig sind, irgendwie erinnert mich auch hier einmal mehr jeder zurückgelegte Meter an Heidis berühmte Filmheimat, an das Land von »Grossvattterrr« und dem Geißenpeter. Oder um es auf den Punkt zu bringen, erinnern mich die behutsam gesammelten Eindrücke unserer so kontrastreichen Reise durch das Berner Oberland und liebliche Emmental an eine längst verloren geglaubte heile Welt. An ein Stückchen friedliche, bedächtige und gerade deshalb wohl so erholsame Welt. Klingt mächtig pathetisch? Ist es auch, aber wie eingangs bereits erwähnt, nüchterne Neutralität ist in diesem Buch nicht mein Bestreben. Dazu ist es in der Schweiz einfach viel zu schön.

Wie bitte – Sie sind immer noch nicht so ganz überzeugt? Dann folgen Sie mir im nächsten Kapitel ins Appenzell. Sie werden staunen …

EMMENTALER KÄSEGEHEIMNISSE

Der hoch technisierten Geburt eines dennoch echten Schweizer Käses mit natürlich echten Schweizer Käselöchern kann man in der Emmentaler Schaukäserei in Affoltern am nördlichen Emmental beiwohnen. Dazu gibt es selbstverständlich auch einen Laden, in dem alle Produkte zu kaufen sind, und eine Wirtschaft, in der sich alle Gerichte irgendwie um den Schweizer Käse drehen. Lecker und interessant. Infos unter www.showdairy.ch.

ALLGEMEINES

Das Berner Oberland ist das gemütlich pochende Herz der Schweiz. Es vereint auf einer überschaubaren Fläche die Vorzüge von Wasser und Fels, von weiten Gipfeln und engen Tälern – mit einem Wort von Bikerspaß pur der allerdings auch anspruchsvollen Art. Es waren auch hier wohl wieder einmal reisefreudige Engländer, die den Zauber des Oberlandes entdeckten und in Büchern und Zeitungsartikeln erstmals darüber berichteten. 1776 veröffentlichte William Coxe seine Reiseführer über die Schweiz und schwärmte in höchsten Tönen von der Schönheit des Berner Oberlandes. Seine Erzählungen lösten die erste Besucherwelle aus. Künstler, Philosophen, Politiker, Gelehrte und natürlich die damalige Hautevolee trafen sich in den hügeligen Weiten und grandiosen Alpenpanoramen zur Erholung, Entschlackung und Inspiration. Goethe schlief in Ermangelung von Pensionen ganz einfach in Pfarrhäusern, für Napoleons Frau Josephine wurde eigens das erste Schiff des Thuner Sees (B/C 1/2) gebaut, da sie gerne schippern gehen wollte. Und mit dem Bau der Eisenbahn-Verbindung von Bern (A 1) nach Thun (B 1) 1859 nahm die Zahl der Gäste stetig zu. Heutzutage lebt man im Berner Oberland gut und gerne vom Tourismus.

MEINE SCHÖNSTE REISEZEIT

Im Berner Oberland der Sommer, wenn auch die umliegenden Pässe der Schweiz und Frankreichs schneefrei sind und man somit die Reise durch das Berner Oberland um ganz prächtige Abstecher ergänzen kann.

MOTORRADFAHREN

Die Weite des Thuner (B/C 1/2) und Brienzer Sees (B/C 2/3) verliert sich gen Süden rasch in den Gletschertälern von Grindelwald (C 3), Kandersteg (D 1) und Adelboden (D 1). Nahezu jede Straße des Oberlandes trägt das grüne Band besonderer Schönheit – und das zu Recht. In den Dörfern und Weilern scheint die Zeit so manches Mal seit langem stehen geblieben zu sein, die Sackgassen in die Täler enden vor gewaltigen, gletschergespeisten Wasserfällen. Alpine Erfahrung – selten war sie wertvoller als im Berner Oberland. Das Land besteht vor allem südlich des Thuner Sees (B/C 1/2) im Grunde aus einer Aneinanderreihung von Spitzkehren. Die zu bewältigenden Steigungen liegen zwischen 15 und 28 %. Single-Track-Roads führen weiter zu den schönsten Flecken

SEHENSWERTES

Ganz im Gegensatz zu anderen Regionen Europas hat sich das Berner Oberland zwar dem Gast geöffnet, sich ihm aber keinesfalls verschrieben. Die Architektur der vielen idyllischen Bergdörfer ist traditionell wie eh und je, selbst mondäne Hotels gliedern sich in den Charakter der Umgebung und die berühmten Schweizer Chalets bewahren ganz bewusst die Werte ihrer eigenen Vergangenheit.

Traditionell, bodenständig, volkstümlich und natürlich auch ein wenig behäbig, so wie das Land sind auch die Menschen. Alphornfeste, Männerringkämpfe, Trachtenumzüge, aber auch Freilichtspiele um den wohl berühmtesten Schweizer Wilhelm Tell lassen bei einem Besuch im Berner Oberland niemals Langeweile aufkommen. Und im Herbst, bevor der erste Schnee die Senner von den Almen treibt, wird im berühmten »Chästeilet« der über den Sommer produzierte Almkäse unter den Dorfbewohnern verteilt. Ein Schauspiel der ganz besonders sehenswerten Art.

ESSEN UND TRINKEN

Generell ist die Küche des Berner Oberlandes schmackhaft und abwechslungsreich wie das Land. Deftige Bauernkost findet sich ebenso auf den Speisekarten wie frischer Fisch und heimisches Wild. Und im Herbst beginnt natürlich die Zeit der Fondues und des Schweizer Raclettes. Warme Küche gibt es in der Regel zwischen 11 und 14.30 Uhr sowie ab 18 Uhr. Dazwischen werden kleine Gerichte angeboten.

UNTERKUNFT

Von Ferienwohnungen für ausgebildete Selbstversorger über preiswerte Zimmer bis hin zu mondänen Hotels mit Komfort reicht die Bandbreite.
Ich fand ein schönes Selbstversorger-Apartment hoch über den Ufern des Thuner Sees beim ebenfalls bikenden Ehepaar Doris Ris und Richard Engel in Faulensee (C 2).
Bergweg 6, CH–3705 Faulensee,
Tel.: +41(0)33/654 19 93,
E-Mail: caprice.ch@ gmx.ch

Das unter Motorradlern beliebte Hotel »Kreuz« mit einem Bikertreff (jeden Donnerstag) befindet sich in Wilderswil vor den Toren Interlakens (C 2).
Hotel Restaurant Kreuz
Lehngasse 6, CH–3812 Wilderswil,
Tel.: +41(0)33/822 23 41,
E-Mail: info@kreuzwilderswil.ch
www.kreuzwilderswil.ch

In Thun (B 1) das historische Zunfthaus zu Metzgern direkt am Rathausplatz im Herzen der Stadt mit zehn Zimmern prall voller Geschichte. Reservierung ist zu empfehlen.
Hotel-Restaurant »Zunfthaus zu Metzgern«, Untere Hauptgasse 2,
CH–3600 Thun,
Tel.: +41(0)33/222 21 41,
Fax: +41(0)33/222 21 82,
E-Mail: info@zumetzgern.ch,
Internet: www.zumetzgern.ch.

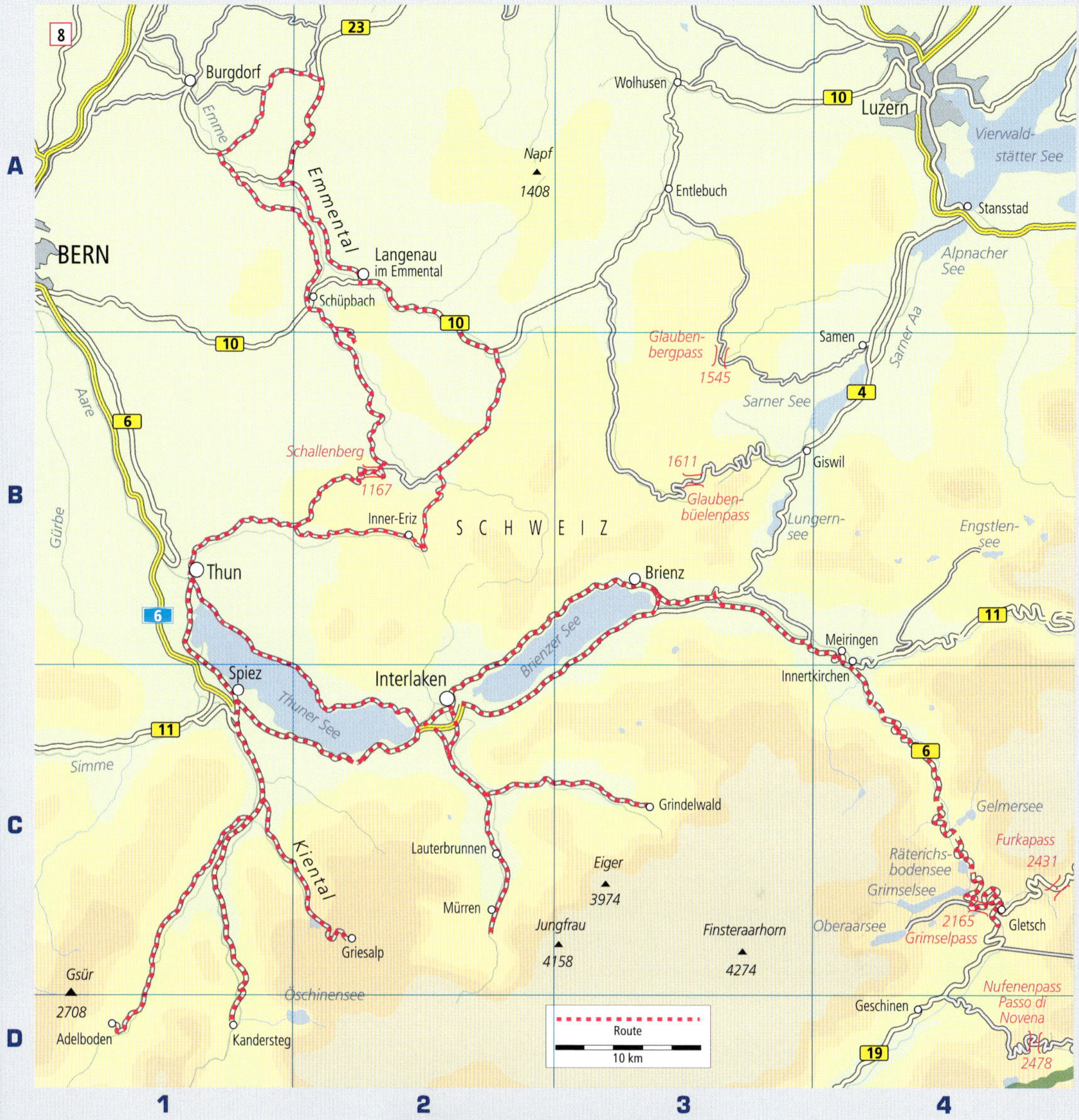

ADRESSEN UND INTERNET

Interlaken Tourismus,
Höheweg 37, CH–3800 Interlaken,
Tel: +41(0)33/826 53 00,
E-Mail: mail@interlakentourism.ch
Internet: www.interlakentourism.ch

Thunersee Tourismus,
Bahnhof, CH–3600 Thun,
Tel. +41(0)33/842 842 111,
E-Mail: info@thunersee.ch.

www.thunersee.ch
www.berneroberland.ch
www.interlakentourism.ch

Handgemacht und köstlich: Echter Emmentaler darf als Souvenir in keinem Tankrucksack fehlen.

Käse mit Schoki

Echter geht´s nimmer – hier ist die Schweiz so, wie man sie liebt – und gegensätzlicher wie kaum anderswo …

TOUR 9 APPENZELL

Machen Sie gerade eine Diät? Ist der Reißverschluss Ihrer Lederjacke im Bereich des Äquators bis zum Bersten gespannt? Dann sollten Sie – um nicht auf ungesunde Gedanken zu kommen – dieses nun folgende Kapitel vielleicht erst in ein paar Wochen und in der Nähe Ihres persönlichen Wunschgewichtes lesen. Denn diese Geschichte entführt uns in das Appenzell, einen der wohl lieblichsten, weil urtümlichsten Kantone der Schweiz. Nun gut, werden Sie an dieser Stelle fragen, wo liegt denn das Problem? Das liegt in der Kombination aus Käse und Schokolade! Dieses Appenzell ist nicht nur die Heimat des gleichnamigen würzigen, vollmundigen Käses, es ist auch die Heimat feinster Schweizer Schokolade. Und an beiden Kalorienbomben kommen Sie bei einer ausführlichen Erkundung dieser Region zwischen Boden-, Zürich- und Walensee kaum vorbei. Wetten!

Doch beginnen wir der Reihe nach. Wie so oft lautet auch hier mein Tipp, möglichst mitten im Thema ein Quartier zu suchen. Zum Beispiel im 6 000-Seelen-Ort Appenzell mit seiner Geschichte atmenden historischen Altstadt. Umrahmt von sattgrünen Hügeln und dem Flüsschen Sitter, zu Füßen des mächtigen Säntis ist vor allem dieses verkehrsberuhigte Zentrum Appenzells ein optisches Juwel. Der Spaziergang durch die engen Gassen mit ihren knallbunten Bürgerhäusern gleicht einer Zeitreise durch die ländliche Schweiz vor 100 Jahren. Daran können auch die inzwischen zahlreichen Souvenirshops und Restaurants nichts ändern. Und als perfekte abendliche Abrundung der zahllosen Eindrücke, die der Kanton tagsüber für Biker parat hält, lohnt es sich ganz besonders, gerade hier nach einem Quartier zu suchen.

Knallbuntes Rebellenland

Hinein ins landschaftliche Herz des Appenzell führt unsere erste Tour. Die Streckenwahl fällt auch im Appenzell sehr schwer, denn viel zu viele der vor allem kleinen Landsträßchen kennzeichnet ein grünes Band als landschaftlich besonders reizvoll. Da wird jeder Abzweig, jede Kreuzung zu einer echten Qual der Wahl. Über Gonten- und Jakobsbad schwingen wir früh am Morgen nach Urnäsch. Der Sommer steht wahrscheinlich auch auf Ihrer Tour in voller Pracht und die Blumenkästen vor den alten Bürgerhäusern mit ihren typischen Holzfassaden quellen über vor Blüten, ergießen sich in Orgien aus Rot, Gelb und Grün. In Urnäsch und Appenzell wohnen übrigens seit jeher ganz besonders rebellische Schweizer. Die gregoria-

Vorangehende Doppelseite: Im Appenzell garniert sich das gesamte Land um seinen Säntis.

Farbenfrohe Tradition: Die Altstadt von Appenzell ist nicht nur für Fotografen Pflichtprogramm.

nische Kalenderreform aus dem 16. Jahrhundert schlichtweg für unsinnig erklärend, feiert man hier erst am 13. Januar nonkonformistisch und original julianisch das Neujahrsfest mit den so genannten Silvesterkläusen, tanzenden Menschen in traditionsreichen Masken und Kostümen. Das Brauchtumsmuseum am Dorfplatz erzählt dazu die ganze Geschichte. Uns aber zieht es hinaus in die grüne Landschaft. Zwar werden Sie echten alpinen Kurvenschwung im Appenzell vergeblich suchen, die weiten Hügellandschaften bieten dafür aber gemütlichen Tourgenuss vom Feinsten. Über die Schwägalp geht es von knapp 800 Höhenmetern in herrlichen Rechts-Links-Kombinationen hinauf zum Chräzerenpass auf 1 300 Meter. Die Pisten hier unterhalb des Säntis gehören vor allem an den Wochenenden Bikern aus der gesamten Nordschweiz, die Talstation der Seilbahn auf den höchsten Appenzeller Berg ist der bekannteste Motorradtreff der Region, der Sonnenuntergang auf der Terrasse ein Gedicht.

Wir wenden uns aber zunächst nach Südwesten und touchieren über Seeben-Sägen und Ennetbühl kurz die südliche Grenze des Kantons. Über Wattwil und Hemberg treiben wir unser Moped anschließend durch eine sehenswerte Bauernhaus-Idylle abseits jeglicher Hektik. Schalten Sie freiwillig ein, zwei Gänge herunter, lassen Sie das Bike gemütlich über das schmucke Herisau und die Dörfer tuckern und gönnen Sie sich die Muße für ausgiebige Rundumblicke. Erst die Nähe zu St. Gallen beschert uns wieder deutlich mehr Verkehr und sogar ein paar rote Ampeln. Nichtsdestotrotz ist ein Besuch St. Gallens zweifelsohne empfehlenswert, denn selbst in Schweizer Großstädten geht es wesentlich gemütlicher zur Sache als in jeder vergleichbaren deutschen Stadt. Und St. Gallen hat als UNESCO-Weltkulturerbe, als kulturelles und wirtschaftliches Zentrum der Ostschweiz einiges an Sehenswertem zu bieten. Allerdings ist die Altstadt weitestgehend für den Verkehr gesperrt. Parken Sie das Bike in der Nähe des zentralen Marktplatzes, ein Ausflug zu Fuß durch die ehemalige Geschäftsmeile der Textilkaufleute, über kleine Kunst- und Trödelmärkte lohnt sich. Und nach einer Eiskaffeepause am Marktplatz geht es dann wieder Richtung Appenzell.

Immergrünes Urnäsch: Auf winzigen Landstraßen räubern wir durchs Appenzell.

Viele Straßen des Appenzell ziert das »grüne Band« und macht somit seinem Namen alle Ehre.

Rechte Seite: Der Anstieg zum Chräzerenpass bietet Schräglagenfeeling vom Feinsten.

Käsiges Geheimnis

In Stein erwartet uns dann noch ein erstes kalorienreiches Highlight mittenmang im Zentrum des unscheinbaren Dorfes. Dort befindet sich die Appenzeller Schaukäserei. Bereits bei meiner ersten Reise durch diesen Kanton ahnte ich – hier kommst du ohne ausführliches Probieren nicht mehr weg.

Denn eben jener Appenzeller Käse ist die wohl berühmteste Spezialität der Schweiz – nun ja, vielleicht gleich nach der Schokolade, aber zu diesem Genuss kommen wir etwas später auch noch. Ein echtes Geheimnis umgibt übrigens auch die Herstellung des originalen Appenzellers. Während die ersten Schritte von der Molke bis zur Formung der Laibe heutzutage ohne maschinelle Hilfe gar nicht mehr zu bewältigen wären und in eben jener Schaukäserei live besichtigt werden können, findet das eigentlich Geheimnisvolle dieser Käseproduktion in den verschlossenen Reifekellern statt. Dort, wo die Riesenlaibe gelagert, gewaschen, gedreht und mit einer speziellen Kräutersülze behandelt werden, deren Ingredienzien ein wohl gehütetes Firmenrezept sind. Denn eben jene Kräuter prägen diesen typischen Geschmack des Appenzellers. Täglich von 9–14 Uhr wird live »gekast« und im angrenzenden Shop gibt es wie zufällig Käseleckereien in wahrer Hülle und Fülle. Kleine Häppchen als Appetizer und mächtige Portionen als käufliches, kalorienreiches Souvenir. Pappsatt brauche ich anschließend jedes Mal beinahe die Drehleiter der Dorffeuerwehr, um wieder in den Sattel meines Motorrades zu klettern. Und die Mopedjacke lasse ich für die letzten Kilometer heim nach Appenzell vorsichtshalber offen, denn der Reißverschluss hat auch schon so einige Jahre auf seinen Zähnen.

Derart perfekt eingestimmt geht es anderntags dann ab ins wahrhaft Eingemachte. Kurvenhatz vom Feinsten ist angesagt. Über Teufen und Speicher düsen wir nach Heiden. Das Land wird flacher, ist zersiedelt, immer wieder riecht es bereits nach dem nahe liegenden Schwäbischen Meer, nach dem Bodensee. Hier an der Nordgrenze unse-

Rechte Seite unten: Hübsch und verkehrsberuhigt: Im Zentrum von Altstetten gibt es mehrere schöne Cafés.

res Themas angekommen, wenden wir uns schleunigst wieder gen Süden, suchen Zuflucht in den hügeligen Weiten des westlichen Rheinufers. Über Trogen geht es zum fahrerisch eher niedlichen, ganze 1000 m hoch gelegenen Ruppenpass und weiter nach Gais und Altstetten mit hübscher, verkehrsberuhigter Altstadt sowie zahlreichen Kneipen und Cafés. Haben Sie Lust auf eine ausgiebige Kaffeepause? Dann gönnen Sie sich diese jetzt. So wie das anschließende unbeschwerte Touren durch eine hügelige Landschaft, deren Reize einmal mehr in den Details am Wegesrand zu finden sind. Zum Beispiel bei einem Abstecher in die Sackgasse über Schwende nach Wasser-

Gelungene Überraschung: Wer hätte im lieblichen Appenzell mit so viel Kurvenvergnügen gerechnet?

auen. Und auf dem Rückweg folgen Sie ein Stück dem Wegweiser auf die Ebenalp – Ausblicke in die Unendlichkeit inklusive.

Kurz nach Gonten lockt uns dann erneut der Wegweiser zur Schwägalp, zur Talstation der Säntisbahn. Rappelvoll sind der Parkplatz und das Restaurant vor allem an sonnigen Wochenenden, hier trifft sich der Schweizer Töfffahrer zu Kurvenhatz und Benzingesprächen. Natürlich auch am 1. August, dem höchsten Nationalfeiertag des Landes.

Meine schönste Reisezeit für dieses Appenzell sind auf jeden Fall die Wochen um und inklusive dieses Feiertages. Dann schmücken sich Land und Leute nämlich ganz besonders prächtig.

Hier am Säntis-Bikertreff gibt es kostenlose Tourentipps.

Fernab aller Hektik

Von der Schwägalp kommend düsen wir in prächtigen Rechts-Links-Kombinationen über Eggenstanden und all die anderen fahnengeschmückten Dörfer in den Westteil des Appenzell. Wattwil, Bütschwil und Gähwil führen uns auf Nebenstraßen allesamt ausgezeichnet mit dem »grünen Band« schließlich nach Will. Hier an der Grenze zu den Kantonen Zürich und Thurgau ist das Land deutlich besiedelter, die A1 St. Gallen–Zürich pflügt zudem vierspurig durch die grünen Hügel. Doch ein suchender Blick auf die Karte zeigt uns rasch, dass es auch hier schöne Strecken abseits aller Schnellstraßen-Hektik gibt. Über Jonschwil und Uzwil gelangen wir schließlich nach Flawil. Und auf-

gemerkt – dort passiert es erneut: der Angriff echter Schweizer Kalorienbomben. Nahezu alle Wege des Ortes führen mich irgendwie automatisch zu den Hallen der Firma Maestrani, einem der traditionsreichsten Schokoladenhersteller der Schweiz. Und wie zufällig kann man auch hier die Herstellung feinster Schweizer Schokolade hautnah erleben. Aus Reinheitsgründen liegen die Produktionsstraßen zwar hinter mächtigem Schauglas, doch alle paar Meter stehen auf dem Besucherrundgang große Behälter prall gefüllt mit kleinen, kalorienreichen Kostproben der süßen, firmeneigenen Kunstwerke. Und nebenan im riesigen, herrlich duftenden Shop – ja, Sie ahnen richtig – da kann man alle Produkte zu günstigen Outlet-Preisen käuflich erwerben.

Falls Sie also auch mit Figurproblemen und äquatorialen Schwimmringen zu kämpfen haben, machen Sie es wie ich: Lassen Sie einfach das Portemonnaie im Motorradkoffer und eilen Sie nach dem Rundgang gesenkten Blickes schnurstracks durch den Schoki-Verkaufsraum. Andererseits gehört es zweifelsohne zu meiner journalistischen Pflicht, ganz speziell für dieses Buch auch den Geheimnissen echter Schweizer Schokolade auf den Grund zu gehen. Koste es so viele zusätzliche Schwimmringe, wie es eben wolle. Und außerdem ahnte ich bislang gar nicht, wie viel Schokolade-Proben in die Taschen einer ganz normalen Mopedjacke passen. Echt erstaunlich.

Vorratsmäßig derart perfekt gerüstet schwingen wir spätabends heim nach Appenzell, genießen dessen unvergleichliches Flair bei einem Spaziergang durch die historische Altstadt und nehmen Abschied von der Heimat des berühmtesten Schweizer Käses und den Geheimnissen nicht minder bekannter Naschereien. Denn im letzten Kapitel unseres Buches geht es in die Nordwestecke des Landes, dorthin, wo sich die Kantone nur so stapeln. In eine Region der Schweiz, die tief im touristischen Dornröschenschlaf schlummernd prall gefüllt an landschaftlichen Gegensätzen auf ihre Entdeckung wartet.

Auf geht's zum sehenswerten Schlussakkord ins Schweizer Jura, nach Solothurn und in die Hauptstadt Bern.

Paradiesgärtlein: Am Ende der Sackgasse nach Wasserauen eröffnet sich ein herrliches Alpenpanorama.

ALLGEMEINES

Die fein herausgeputzten Dörfer inmitten horizontweiter, grüner Agrarlandschaften des Appenzell dienen seit jeher bekannten und unbekannten Malern vor allem der naiven Stilrichtungen als Vorlage. Während das sanft zum Bodensee hin abfallende nördliche Appenzell touristisch voll ausgeprägt, aber landschaftlich eher unspektakulär ist, erstreckt sich das eigentliche, das liebliche Appenzell in Richtung Süden bis zu den immerhin 2 500 m aufragenden, wuchtigen Felsen des Alpstein-Gebirges mit dem nur Wanderern vorbehaltenen Säntis (B 3) als höchstem Gipfel. Hier findet sich typisches Schweizer Idyll hinter nahezu jeder der zahlreichen Kurven. Mit knapp 84 Einwohnern/m^2 hat der Kanton lediglich die Hälfte der Schweizer und nur etwa ein Drittel der gesamtdeutschen Bevölkerungsdichte.

MEINE SCHÖNSTE REISEZEIT

Wie das Land, so ist auch sein Klima ohne echte Extreme. Relativ milden Wintern folgt ein früher Frühling, der in einen auch für Biker angenehm temperierten Sommer übergeht. Nur in Richtung Bodensee kann es im Sommer deutlich über 30° C heiß werden. Ansonsten pendelt die Quecksilbersäule um 25° C. Meine schönste Reisezeit sind die Monate Mai bis Oktober, aber selbst zur Hauptferienzeit im Juli und August wird es im Appenzell niemals richtig voll.

MOTORRADFAHREN

Das Appenzell ist eine überschaubare Region für den tourenden Entdecker in uns, der neben gemütlicher Kurvenhatz vor allem auch Leckerbissen für alle anderen Sinne sucht. Die gut ausgebauten Bergstrecken in und um das Alpstein-Massiv sind an den Wochenenden fest in Bikers Hand, der Motorradtreff an der Schwägalp (B 2), der Talstation der Säntisbahn, ist Pflichtprogramm eines jeden Appenzell-Besuches.

SEHENSWERTES

Als wäre die Zeit lang schon stehengeblieben wird lebendiges Brauchtum im Appenzell ganz groß geschrieben. Das beginnt mit den sehenswerten Feiern zum julianischen Neujahrsfest am 13. Januar, geht über kirchliche Prozessionen, Schutzengelfeste auf den Almen, Reitertreffen bis zu Blasmusik und Viehschauen. Unzählige Dorfmuseen erzählen die Geschichte der jeweiligen Umgebung, Galerien und Kunsthandwerker bieten käufliche Erinnerungen an das Appenzell.

Bergbahnen führen zu Aussichtsgipfeln im Alpsteingebirge, Paragliding- und Drachenflugschulen bieten Rundflüge an und in Schaukäsereien, wie beispielsweise in Stein am Rhein (A 3) oder auch auf der

Alles Käse: Echte Handarbeit findet man heute nur noch in den Schaukäsereien.

Schwägalp (B 2), kommt man dem Geheimnis des echten Appenzellers ganz nah.

ESSEN UND TRINKEN

Schmackhaft und deftig ist die Appenzeller Küche – musste sie doch seit jeher hart arbeitende Menschen ernähren. Rind, Schwein und Geflügel finden sich in mannigfaltigen Varianten auf den Speisekarten, ebenso Kartoffelgerichte wie »Appezöller Rösti«. Natürlich drehen sich viele Gerichte auch um den Appenzeller Käse wie z. B. »Chäsmaggerone«, »Chäskotlett« und »Chässpiessli«. Genau wie bei der »Appezöller Südworscht« heißt es einfach: Ausprobieren!

UNTERKUNFT

Von »Touristenlagern« (Matratzen-Massenlagern) über Bed-&-Breakfast-Zimmer, private Pensionen und Gasthöfe bis zu Hotels mit hohem Standard reichen die Möglichkeiten. Eine gemütliche Bleibe fand ich in Appenzell im Hotel »Löwen«, einem historischen Gebäude im autofreien Stadtkern, alle Zimmer im typischen Appenzellerstil mit schöner Bauernmalerei (B 3).
Hotel »Löwen«,
Rita Bircher, Hansueli Rothenberger
Hauptgasse 25, CH–9050 Appenzell,
Tel.: +41(0)71/788 87 87,
E-Mail: info@ loewen-appenzell.ch,
Internet: www. loewen-appenzell.ch

In Weissbad empfiehlt sich das Gasthaus »Ebenalp«, ein heimeliges Berggasthaus mit prächtiger Aussicht über das ganze Alpsteingebiet sowie herrlichen Sonnenauf- und -untergängen (B 3).
Berggasthaus »Ebenalp«,
CH–9057 Wasserauen,
Tel.: +41(0)71/799 11 94,
E-Mail: berggasthaus@ebenalp.ch,
Internet: www.gasthaus-ebenalp.ch

ADRESSEN UND INTERNET

Appenzellerland Tourismus AI,
Hauptgasse 4, CH–9050 Appenzell,
Tel.: +41(0)71/788 96 41,
Fax: +41(0)71/788 96 49,
E-Mail: info.ai@appenzell.ch.
Appenzeller Schaukäserei,
Dorf 711, CH–9063 Stein AR,
Tel.: +41(0)71/368 50 70,
Fax: +41(0)71/368 50 75,
E-Mail: info@schaukaeserei.ch.
Maestrani Schweizer Schokoladen AG
Tel.: +41(0)71/228 38 11,
E-Mail: info@maestrani.ch
www. maestrani.ch
www.schoggi-land.ch
St. Gallen-Bodensee Tourismus,
Bahnhofplatz 1a, CH–9001 St. Gallen,
Tel.: +41(0)71/227 37 37,
Fax: +41(0)71/227 37 67,
E-Mail: info@st-gallen-bodensee.ch.

www.appenzell.ch.
www.appenzell.org.
www.st.gallen-bodensee.ch.

Übergangs-welten

Das Beste aus drei Ländern in fünf Kantonen vereint – hier auf zwei erlebnisreichen Tages-touren

TOUR 10 SOLOTHURN UND DER NORDWESTEN

Vorangehende Doppelseite: Unterwegs im Luzerner Seenland: Am Sempachersee bietet vor allem das Westufer prächtige Ausblicke.

Die Hauptstadt Bern begeistert mit einer Vielzahl an Eindrücken und Ausblicken.

Basel und sein Land, der Schweizer Jura, Bern und Solothurn entführen uns in diesem letzten Kapitel in eine sehenswerte Melange aus Johanna Spyris heiler Heidi-Welt, französischem »Laissez faire« und einem deutlichen Hauch deutscher Kehrwochen-Gründlichkeit. Denn gleich danach ist dieses Buch zu Ende und der Übergang in unsere Welt daheim soll ja nicht zu krass werden …

Während die Mitte und den Süden der Schweiz auch flächenmäßig große, eigenständige Kantone wie Graubünden, Tessin, Bern und das Wallis beherrschen, zergliedert sich der Norden des Landes in lauter kleine bis sogar winzige »Kantönchen«. Und gleichwohl jeder für sich penibelst auf seine politische Autonomie achtet, sind ihre landschaftlichen und auch zwischenmenschlichen Grenzen doch mehr als fließend.

Lassen wir uns auf den folgenden zwei Touren einfach einmal durch den Nordwesten der Schweiz treiben, gönnen wir uns eine satte Portion abwechslungsreichen Föderalismus´, doch vor allem Highlights satt.

Um auch diese Touren gepäckbefreit genießen zu können, empfehle ich eine Unterkunft auf der Achse Aarau–Solothurn zu suchen, vielleicht sogar in meinem Übernachtungstipp nahe Olten (siehe Seite 129). Beginnen wir unsere erste Runde mit einem Pflichtprogramm, mit zwei schlichtweg obligatorischen Stadtbesichtigungen. Beginnen wir den noch jungen Tag in Bern, der Hauptstadt dieses kleinen, so freiheitliebenden Landes. 1983 wurde die historische Berner Altstadt als UNESCO-Weltkulturerbe anerkannt – höchste Zeit, nachdem sie im Laufe der Jahrhunderte ziemlich viel erlebt hatte. Imposant schwingt sich die Aare in einer gewaltigen Schleife um den Altstadthügel mit seinen historischen Bauten, seinen engen, beinahe mittelalterlich anmutenden, kopfsteingepflasterten Gassen, gedeckten Lauben und unzähligen Tante-Emma-Läden. Jedes Haus hier verströmt den Charme längst vergangener Tage. Den schönsten Blick auf das pulsierende Herz Berns haben Sie von der Aargauer- oder Große Muristalden, zwei Straßen am Ostrand der Altstadt, bei denen die allgegenwärtige Polizei auch gerne

Empfehlenswerter Zwischenstopp: Solothurns historische Altstadt lädt zum ausgiebigen Bummeln ein.

einmal ein Auge zudrückt, falls Biker etwas länger für das ultimative Foto benötigen. Ist alles »im Kasten« schwingen Sie einfach über die Nydeggbrücke mitten hinein in das historische Zentrum. Nicht nur in der Kramgasse gibt es einige ausgewiesene Mopedparkplätze, um das historische Zentrum Berns mit dem Bundeshaus, dem Sitz der Schweizer Regierung und des Parlamentes zu Fuß zu erkunden. Das empfiehlt sich auf jeden Fall, mag es durchaus auch eine ganze Weile dauern. Es lohnt sich garantiert.

Zu barocker Pracht

Die Sonne steht bestimmt bereits nahe dem Zenit, bis wir uns wieder in den Mopedsattel schwingen und aus der Stadt hinausdüsen. Im Süden schließt übrigens das Kapitel »Berner Oberland« an (Tour 8), ganz im Osten liegen die Touren der Zentralschweiz (Tour 1). Wir wenden uns in dieser Geschichte aber zunächst gen Norden, suchen unseren Weg über Zollikofen und Münchenbuchsee auf kleinsten Landstraßen nach Büren an der Aare, einem heimeligen Städtchen fernab jeglicher Hektik. Leidenschaftlichen Feinmechanikern sei im Rathaus von Büren das restaurierte »Uhrwerk vom Dotzigentor« empfohlen, zwar auf Grund seiner Größe keinesfalls taschengeeignet, aber eine technische Meisterleistung aus dem Jahre 1759. Immer entlang der Aare in ihrem breiten Bett folgen wir anschließend der Landstraße über Deuzigen nach Solothurn, einem weiteren städtebaulichen Schatz der Schweiz. Das Prädikat »Schönste Barockstadt der Schweiz« empfängt den Besucher plakativ an allen Zufahrtsstraßen und verspricht viel Sehenswertes. Parken Sie das

Barocke Pracht: Solothurn an der strömenden Aare

Der Hallwilersee vor den Toren Luzerns ist ein erfrischendes Wassersport-Paradies.

Motorrad am besten am Rande des riesigen Amtshausplatzes, schlendern Sie vorbei am dicken Burristurm durch das Bieltor und stöbern Sie in der angrenzenden Fußgängerzone durch die historischen Schätze Solothurns. Ganz nebenbei bieten unzählige Straßencafés und Kneipen ebenso unzählige Gründe zur Einkehr, zur wohlverdienten Pause, bevor es anschließend zurück zum Motorrad geht.

Schmerzen Ihnen jetzt die Füße, vermissen Sie eine satte Portion Kurvenschwung? Dann lassen Sie uns hinaus ins Land fahren. Über Gerlafingen, Koppingen und Wyningen geben wir dem Motorrad die Zügel lang, bevor uns der grandiose Anblick Burgdorfs erneut zu einem allerdings nur kurzen Zwischenstopp überredet. Hoch auf steilem Fels thront eine der besterhaltenen Burganlagen der Schweiz vor unserem Windshield, sie bewacht auch heute noch die zu ihren Füßen einträchtig ruhende Neustadt.

Doch nun lassen Sie uns für den Rest dieses Tages tatsächlich ausgiebigem Kurvengenuss frönen. Folgen wir nordöstlich der Stadt dem

Muss einer Schweizreise gehen wir übrigens im Kapitel »Berner Oberland« genauer ein (Tour 8). An diesem Nachmittag widmen wir uns noch einer Hand voll weiterer landschaftlicher Highlights, die bald schon im Osten vor unserem Windshield auftauchen – dem Luzerner Seenland. Meiden Sie möglichst die direkte Verbindung nach Sursee, ich empfehle den kleinen Landstraßen über Eriswil, Ruediswil, Hergiswil, Wollhusen und Ruswil den Vorzug zu geben. Hier findet sich die Schweiz in ihrem sehenswerten Rohzustand, im Einklang mit einer mehr als prächtigen Natur.

Die Stadt Sursee empfängt uns mit einer hübschen Altstadtzone, dominiert vom historischen Rathaus inklusive obligatorischem Springbrunnen. Bei einem Boxenstopp im angrenzenden Café kann man dem Surseer Stadtleben gemütlich zuschauen. So genannte Toteislöcher bildeten nach der letzten Eiszeit die Mittellandseen nördlich von Luzern. Sempacher, Hallwiler und Baldegger See und ihre schilfreichen Ufer laden nicht nur zu Spaziergängen und sportlichem Joggen ein, sie lassen sich auch mit Segeltörns oder gar Ausflugs- und Fährschiffen erkunden. Und an ihren Ufern erwartet uns manch Ausflugslokal mit herrlichem Blick, in dem wir uns für die Heimreise in unser Quartier stärken können. Für diese suchen wir uns anschließend natürlich die landschaftlich besonders schönen Strecken über Sempach, Hildisrieden, Hochdorf sowie entlang des Westufers des Hallwiler

Ab ins Mittelalter: Burgdorf präsentiert sich frisch wie in alten Zeiten.

Abzweig nach Affoltern im Emmental. Rasch gewinnen wir auf kleinsten Sträßchen an Höhe, erheben uns aus dem Dunst der umliegenden Ebene. Kurvenreich geht es durch eine prächtige Bergbauernlandschaft, in der in den letzten Jahren auch so manch großstadtmüder Solothurner seine neue Heimat gefunden hat. Wen wundert's bei diesen Ausblicken. Über Ursenbach und Rohrbach schwingen wir nach Huttwil, ein immerhin 841 erstmals erwähntes Örtchen mit Zugehörigkeit zum Emmental. Auf dieses weitere touristische

Grund zur Frömmigkeit: Kloster Beinwil über dem Passwang Tal

Sees. Folgen Sie hier unbedingt dem ein oder anderen Abzweig hinunter ans Wasser, es gibt viel zu entdecken.

Drei Länder – ein Eck

Basel im Dreiländereck Deutschland–Schweiz–Frankreich sowie eine herrliche Kurvenhatz durch den Schweizer Jura mit einem abschließenden Abstecher ins historische Laufenburg stehen anderntags auf unserem Roadbook. Dazu heißt es wieder einmal – jawohl, Sie ahnen richtig – ganz früh aufzustehen. Bereits kurz hinter Balsthal mit seinen Ruinen Neu- und Alt-Falkenstein tauchen wir ein in die waldreichen Täler des Schweizer Jura, eines der französischsprachigen Teile der Schweiz. Über Mümliswil und Ramiswil folgen wir dem Wegweiser zum Scheltenpass durch eine von Ackerbau und Viehzucht geprägte Landschaft. Doch Halt, bevor wir uns dem Scheltenpass zuwenden, sollten wir unbedingt noch einen Abstecher über den Passwang-Pass in das gleichnamige Tal unternehmen. Denn das Kontrastprogramm zum Schelten ist überaus fahrenswert. Beim Kloster Beinwil kehren wir dann um. Zurück am Abzweig geht es rechter Hand auf geflickter und oftmals kaum mehr als lenkerbreiter Piste voran. Mag auch dieser Pass mit gut 1 000 m nicht unbedingt spektakulär sein, fahrerisch kommen wir auf der Strecke allemal auf unsere

BASEL UND SEIN GEHEIMNISVOLLES SPALENTIER

Immer wenn in dunkler Nacht ein eigentümliches Sausen in der Luft zu hören ist, schließen die Bewohner der Baseler Altstadt rund um das Spalentor rasch ihre Fenster. Denn dann ist vermutlich das Spalentier, eine Mischung aus großem Schwein und Ochsen, unterwegs. Wie es genau aussieht, kann niemand sagen, denn es ist höchst ungesund, neugierig seinen Kopf aus dem Fenster zu strecken, um nach dem Tier Ausschau zu halten. Jedes Mal, wenn ein allzu Neugieriger einen Blick zu riskieren versuchte, war sein Kopf anderntags angeschwollen und entstellt. Einem Baseler, der sich eines Tages sogar erlaubte, das Spalentier zu verspotten, ist bei dessen nächtlichem Anblick der Kopf sogar derart angeschwollen, dass man den kompletten Fensterrahmen ausbauen und zersägen musste, um den Spötter zurück ins Zimmer und zu einem Arzt zu bekommen. So weit eine der zahlreichen Sagen aus dem Baseler Land, die auch in der berühmten Baseler Fassnacht aufgegriffen werden. Weitere Infos unter www.schweizerseiten.ch/sagen oder www.basel.ch.

Kosten. Über Corban geht es dann schwungvoll nach Delémont, einer bereits typisch französischen Kleinstadt, deren Ortskern noch einige nette Kramerläden enthält. Hier ist die grüne Grenze zu Frankreich nur noch einen Steinwurf entfernt, an so mancher Straße Richtung Westen finden sich riesige Uniform-Verbotsschilder. Sollten Schweizer Soldaten hier die Landesgrenze versehentlich – oder absichtlich? – in voller Montur übertreten, würde dies vermutlich als kriegerischer Akt gewertet und dementsprechend beantwortet werden. Kollegen mit olivgrünen Motorradkombis also bitte aufgepasst!

Wir aber folgen der Hauptstrasse 18 auf landschaftlich sehenswerter Strecke nach Laufen im Laufental. Hier können wir unsere Französischkenntnisse bereits wieder im Tankrucksack verstauen, denn Basel und das mehrheitlich deutschsprachige Baseler Land liegen direkt vor uns.

Über Basel als Etappenziel mag man durchaus geteilter Meinung sein, zu sehr bestimmt die Wirtschaft hier im Dreiländereck auch die Silhouette der Stadt. Hochhäuser statt Dorfidyll, mächtig breite Ein- und Ausfallstraßen sowie rote Ampeln statt freie Fahrt für freie Bürger prägen den ersten und zweiten Blick auf die Rheinmetropole mit ihrer langen Geschichte. Erste Keltensiedlungen wurden bereits 15 v. Chr. von den Römern erobert, die hier, wo der junge Rhein erwachsen, sprich zum Strom wird, einen wichtigen Handelsplatz errichteten, den sie später in Basilia umbenannten. Eben jener strategisch bedeutenden Lage verdankt die Stadt ihre Entwicklung. Für einen Rundgang durch die sehenswerte Altstadt sollten Sie mindestens zwei Stunden Ihrer Zeit einplanen. Und Sie sollten tunlichst vor Einbruch der Dunkelheit damit fertig sein, treibt doch des Nächtens das Spalentier in Basel sein Unwesen (siehe Kasten).

Das Beste aus drei Ländern: Im Baselgebiet vermischen sich Deutschland, Frankreich und die Schweiz.

Spiel der Perspektiven: Rümmlingens historisches Eisenbahn-Viadukt dominiert natürlich nicht die Kirche im Dorf.

Wir suchen uns den weiteren Weg Richtung Südwesten aus der Stadt heraus. Doch bevor wir unsere Touren durch den Nordwesten der Schweiz mit einem echten Highlight beenden, lassen Sie uns noch eine Portion unbeschwerten Kurvenschwung entlang der französischen Grenze genießen. Über Oberwil und Bättwil geht es nach Aesch. Vorbei an der hoch über der Straße thronenden Dugginger Burg suchen wir den Abzweig nach Seewen, stöbern durch das Ortstal nach Liestal und mit gleichem Schwung durch das Reigoldstal nach Oberdorf. Das ist Kurvenhatz vom Feinsten durch eine wunderbar hügelige, sehr ursprüngliche Landschaft. Über Gelterkinden und Frick erreichen wir sodann an einem hoffentlich sonnigen Nachmittag das Städtchen Laufenburg, ein wahrlich prächtiges Unikat deutsch-schweizerischer Nachbarschaft. In Jahrmillionen haben sich hier die Wasser des Rheins in den roten Gneis gegraben. Bereits die Kelten siedelten beidseits der »Louffen« genannten Stromschnellen, denn die fischreichen Jagdgründe ließen sich gegen Eindringlinge recht gut verteidigen. Erstmals 1207 wird die vermutlich erste Brücke über den Rhein

Stets meine erste Wahl: Auf hautengen Landstraßen geht es nicht nur durch dieses Kapitel.

MÄRCHENSTUNDE AUF DEN «FLIEGENDEN BRÜCKEN»

Die »Wilde Maa«, die »Ueli«, die »Vogel Gryff« und die »Leu« waren die so genannten »fliegenden Brücken«, wie die Einwohner Basels ihre Fähren im ausgehenden Mittelalter nannten. Denn sie ersetzten in des Wortes reinster Bedeutung die damals noch nicht oder nur an wenigen Stellen vorhandenen Holzbrücken. Der ehemalige Statthalter der Baseler Künstlergesellschaft Johann Jakob im Hof-Forcart initiierte 1854 die erste von heute insgesamt vier noch existierenden und im »Fähri-Verein« vereinten Gierseilfähren. Seit jeher von Hand betrieben und nur die immer währende Strömung des Rheins als Antrieb nutzend, befördern die Boote nun seit über 150 Jahren sommers wie winters von Tagesanbruch bis zur Dämmerung die Menschen über den Fluss. Ein vollkommen natürliches Erlebnis für Jung und Alt. Doch dem noch nicht genug: Kombinationen mit kulinarischen Genüssen wie Aperitifs oder gar Raclette-Genüssen sind ebenso buchbar wie Dichter- und Märchenlesungen und ganze Abendessen, bei denen die Fähre natürlich nicht innerhalb von 5–10 Minuten pendelt, sondern auf Wunsch auch auf dem Fluss verharrt. Einfach mit dem Fährmann, dem »Faehrima«, die Wünsche besprechen und schon startet ein unvergessliches Erlebnis für alle Sinne. Infos unter www.faehri.ch.

Zweigeteilte Perle am Rhein: Laufenburg mit seiner sehenswerten Melange aus zweierlei Welten

urkundlich erwähnt, zur damaligen Zeit eine technische Meisterleistung. Relativ friedlich lebte man fortan beidseits des Flusses, bis Napoleon Bonapartes Gebietsreformen 1801 den Rhein zur neuen Grenze zwischen dem Großherzogtum Baden und dem helvetischen Reich erklärte. Bis heute blieb Laufenburg eine geteilte Stadt, deren freundschaftliche Bande sich aber nicht nur im völlig formalitätenfreien Grenzübertritt über die Rheinbrücke zeigen. Auch die empfehlenswerten Stadtführungen würdigen die historischen Spuren an beiden Ufern des vermeintlich deutschesten aller Flüsse. Schlendern Sie noch einmal auf dieser Tour zu Fuß durch die enge Altstadt, steigen Sie hinauf zu den turmbewehrten Resten der Stadtmauer und genießen Sie als stimmungsvollen Ausklang dieses Tages oder auch Ihrer Touren durch die herrliche Schweiz den Ausblick auf Gevatter Rhein.

Und falls Ihnen nach diesen zehn Kapiteln meines Buches hier nun im von der Abendsonne vergoldeten Laufenburg der Grenzübertritt zurück in die deutsche Heimat sichtlich schwer fallen sollte – wer könnte dies besser verstehen als ich –, dann blättern Sie doch einfach ein paar Seiten zurück. Nicht nur das Appenzell, auch alle anderen Kapitel dieses Buches sind eigentlich ganz nah, liegen kaum mehr als einen kräftigen Dreh am Gasgriff entfernt. Und nach inzwischen unzähligen Besuchen in der Schweiz kann ich Ihnen abschließend eines mit gutem Gewissen bestätigen: Jede neue Runde durch Heidis Heimat, durch das Land von Wilhelm Tell und dem Rütlischwur, durch die Heimat dieser porentief demokratisch-friedvollen Menschen birgt neue Eindrücke, neue Erlebnisse, legt den Grundstein für neue, herrliche Motorraderinnerungen. Bleiben Sie einfach noch eine Runde hier – oder kommen Sie recht bald wieder. Vielleicht sehen wir uns ja irgendwo in diesem prächtigen Land im Herzen Europas …

ALLGEMEINES

Der Nordwesten der Schweiz ist politisch stark zergliedert in kleinste Kantone, ja sogar reine Stadtkantone, deren Befugnisse sozusagen am Ortsausgang bereits wieder enden. Dem Reisenden wird dieses kaum bewusst, bewegt er sich doch in einer landschaftlich äußerst abwechslungsreichen, fruchtbaren Hügel- und Tälerwelt, in einer erlebenswerten Melange dreier Länder, der Schweiz, Frankreichs und Deutschlands.

Kaum haben wir uns an diesen alles und jeden verniedlichenden Schweizer Dialekt gewöhnt, müssen wir auf einmal unsere letzten Französischkenntnisse zusammenkratzen, um verstanden zu werden. Doch kaum haben wir diese Herausforderung gemeistert, begrüßen uns typisch Badenser Klänge und Ausdrücke. Das alles verbunden durch ein Netz herrlicher Bikerpisten, von denen viele vollkommen zu Recht das grüne Band besonderer landschaftlicher Schönheit tragen. Und ganz nebenbei statten wir in diesem Kapitel natürlich der Schweizer Bundeshauptstadt Bern (C 1) den höchst überfälligen Besuch ab.

MEINE SCHÖNSTE REISEZEIT

Der sonnenverwöhnte Schweizer Nordwesten hat im Grunde nahezu ganzjährig Saison. Ein früher Frühling – übrigens neben dem Spätherbst meine Lieblingsreisezeit für dieses Kapitel – geht in einen prallen, oftmals sogar recht heißen Sommer über, der sich bis weit in den herbstlichen Oktober hinein noch viele sonnige Reisetage genehmigt.

MOTORRADFAHREN

Die »Pässe« dieses Kapitels sind allesamt anfängertauglich, denn der besondere Genuss dieser Touren liegt nicht in maximalem Höhengewinn. Er liegt in prallem Kurvenschwung durch eine herrliche Landschaft, über Hügel und Täler abseits jeglicher Hektik.

Die Straßenzustände reichen von gut bis hin zu Schlagloch-Buckelpisten, in den historischen Städten Bern (C 1) und Solothurn (B 1/2) erwarten uns ebenso historische Kopfsteinpflaster-Etappen, die es mit ruhiger Gashand und notfalls Schritttempo zu meistern gilt.

Leben mit dem Fluss: Das Städtchen Olten im Solothurner Land

SEHENSWERTES

Bern (C 1) ist Pflichtprogramm und Kür zugleich in diesem Kapitel. Aber auch Solothurn (B 1/2) als die schönste Barockstadt der Schweiz, Basel (A 2) als Drei-Länder-Eck und so kleine Highlights am Wegesrand wie zum Beispiel Burgdorf (C 2) bieten viele Möglichkeiten, sich sehend und staunend ob der historischen Pracht die Beine zu vertreten. Vor allem in Bern (C 1) empfehle ich eine professionelle und geschichtenreiche Stadtführung mitzumachen – die ersetzt jeden Reiseführer.

In Basel (A 2) locken die literarischen und kulinarischen Veranstaltungen um die historischen Rheinfähren sowie zahlreiche Museen in der Altstadt. In Solothurn (B 1/2) kann man in besonders stilvollem Ambiente shoppen gehen in der zu einer weitläufigen Fußgängerzone umgestalteten historischen Altstadt.

Die beschriebenen Seen des Mittellandes sind zwar keine ausgewiesenen Badeseen, da der Erhalt ihrer Wasserqualität seit einigen Jahren unter besonderer Aufmerksamkeit der zuständigen Behörden steht, sie bieten sich mit ihrer touristischen Infrastruktur aber für den mittäglichen Boxenstopp oder auch den abendlichen Einkehrschwung an.

ESSEN UND TRINKEN

Bernerplatte mit Geräuchertem, Würsten und Bohnen, Basler Mehlsuppe, Solothurner Nusskuchen und, und, und – die Küche des Schweizer

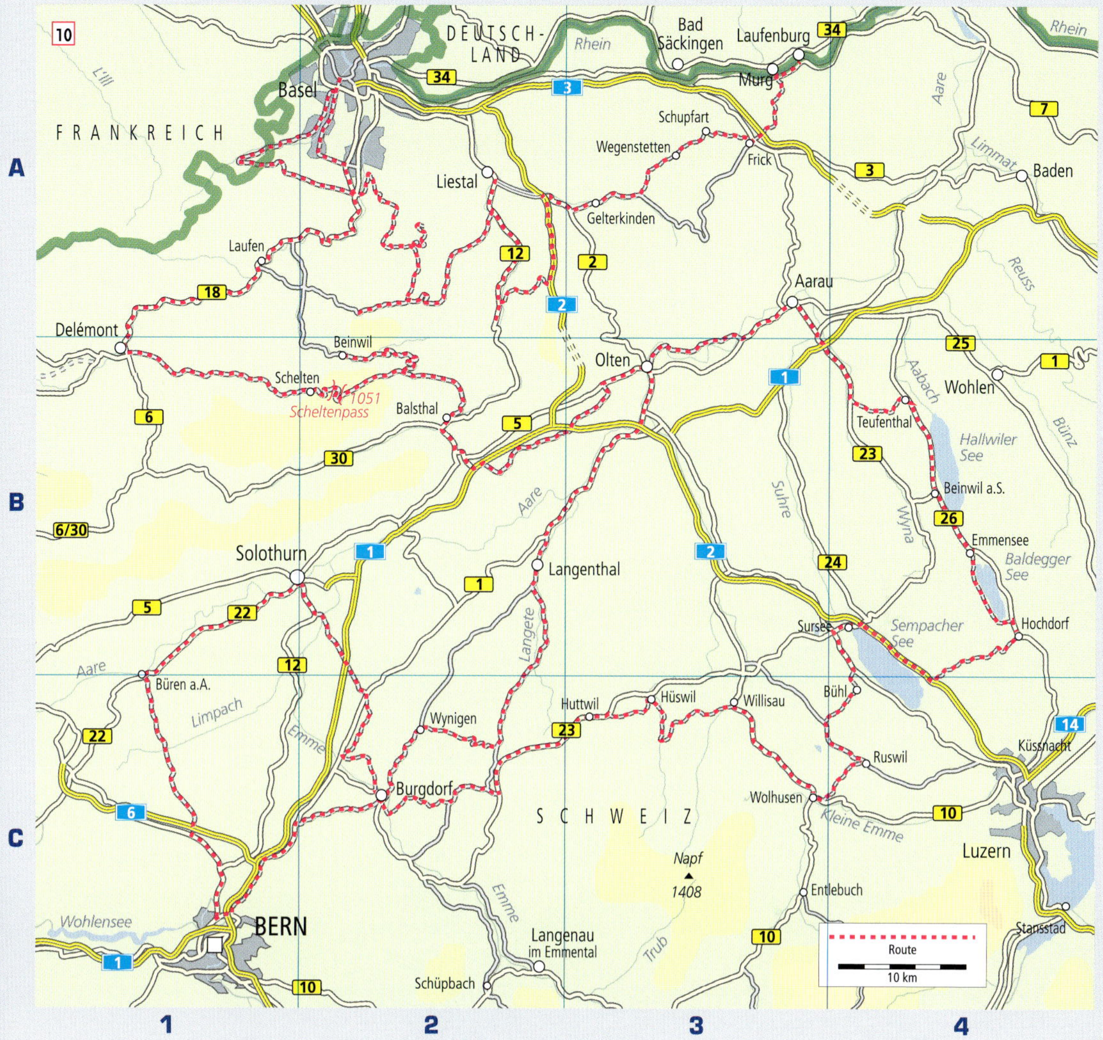

Nordwestens ist so vielfältig wie das Land und seine Bewohner. Lassen Sie sich im Restaurant beraten und versuchen Sie örtliche Spezialitäten, die je nach Saison auf der Speisekarte stehen.

UNTERKUNFT

Eine gemütliche Bleibe fand ich in Olten-Kappel im Landgasthof Kreuz mit ausgezeichneter regionaler Küche und zentraler Lage (B 3).
Landgasthof Kreuz, Familie Weber, Mittelgäustr. 20, CH–4616 Kappel SO, Tel.: +41(0)62/216 03 16, E-Mail: mail@kreuz-kappel.ch, Internet: www.kreuz-kappel.ch.
In Solothurn gefiel es mir im Zunfthaus zu Wirthen, einem historischen Gasthaus mit ebensolchen Zimmern im Herzen der Stadt (B 1/2).
Hotel Zunfthaus zu Wirthen, Hauptgasse 41, CH–4500 Solothurn, Tel.: +41(0)32/626 28 48, E-Mail: info@wirthen.ch, Internet: www.wirthen.ch.

ADRESSEN UND INTERNET

Bern Tourismus,
Amthausgasse 4, CH–3000 Bern 7,
Tel.: +41(0)31/328 12 12,
E-Mail: info@berninfo.com.
Region Solothurn Tourismus,
Hauptgasse 69,
CH–4500 Solothurn,
Tel.: +41(0)32/626 46 46,
E-Mail: info@solothurn-city.de.
Tourist- & Hotelinformation Basel,
Im Stadtcasino am Barfüsserplatz,
CH–4010 Basel,
Tel.: +41(0)61/268 68 68,
E-Mail: info@baseltourismus.ch.
www.bern.ch
www.baseltourismus.ch
www.solothurn-city.de.

Eines der fahrerischen und landschaftlichen Highlights des Engadin ist der Flüela-Pass.

ALLGEMEIN

Die Schweizer Eidgenossenschaft oder kurz die Schweiz ist ein föderalistischer Bundesstaat mit 26 weitgehend eigenständigen Kantonen, in denen Demokratie par excellence aktiv gelebt wird. Nicht nur die Kantone selbst besitzen in vielen Bereichen weitestgehende Autonomie gegenüber der Regierung in Bern, auch Volksabstimmungen zu allen politischen Entscheidungen sind an der Tagesordnung.

7,7 Millionen Einwohner verteilen sich auf knapp 42.000 km² Fläche, rechnerisch kommen 183 Schweizer auf einen Quadratkilometer (zum Vergleich: Deutschland 231 Bewohner/km²). Die maximale Ausdehnung von Nord nach Süd beträgt ca. 220 km, von West nach Ost ca. 350 km. Offizielle Amtssprachen sind neben Deutsch (nahezu landesweit) auch Französisch (Westschweiz und Wallis), Italienisch (Tessin und südliche Teile Graubündens) sowie Rätoromanisch (Engadin und ebenfalls Teile des südlichen Graubündens). Wirtschaftlich zählt die Schweiz zu den stärksten Ländern der Welt, ist wohlweislich bis dato kein Mitglied der EU und legt großen Wert auf ihre beinahe schon legendäre außenpolitische Neutralität. Das Landeskennzeichen »CH« bedeutet »Confoederatio Helvetica«, der lateinische Namen für »Schweizerische Eidgenossenschaft«.

DAS SCHWEIZER KLIMA

Das Klima der Schweiz ist beinahe so vielfältig wie das Land selbst. Nördlich der Alpen herrscht eher gemäßigtes, mitteleuropäisches Klima, südlich der Alpen ist es hingegen bereits deutlich mediterran. Hinzukommend beeinflussen natürlich auch die unterschiedlichen Höhenlagen die Wetterentwicklung. Während in der Zentralschweiz und im Mittelland die Sommer mit durchschnittlich 25° C auch für uns Biker angenehm warm sind, können südlich des Alpenhauptkammes im Tessin im dort oftmals trockenen Sommer die 30° C nahezu täglich erreicht werden. Der Alpenhauptkamm wirkt hier als natürliche Wetterscheide, verhindert in der Regel auch, dass Regengebiete aus Nordeuropa das Tessin erreichen. Auf den Bergen Graubündens, im südlichen Wallis und dem Berner Oberland klettert das Thermometer selbst im Juli/August selten über die 25°-C-Marke, auch Frühling und Herbst sind hier merklich kühler.

Nebel ist vor allem ein Naturschauspiel im ganzen Mittelland, besonders entlang der Aare wie auch im

Thurgau, wo er im Herbst über mehrere Wochen hinweg wabern kann. Häufig auftretende Winde in der Schweiz sind der milde Föhn in beiden Formen (Nord- wie Südföhn) und die meistens kalte »Bise« aus dem Norden.

Ab Mitte Oktober ist vor allem auf den Pässen über 1 800 m bereits der nahe Winter zu spüren, hier ist mit weißen Überraschungen am Morgen zu rechnen, ja auch im Mittelland können sich harmlose Regenschauer als Schneegriesel über das Land legen.

DIE SCHWEIZ FÜR BIKER

Bittet man einen Schweizer Motorradler, einen Töfffahrer, um eine Plus-Minus-Bewertung seiner Heimat aus Bikersicht, dann stehen auf jeden Fall das kurven- und abwechslungsreiche Land sowie seine aufgeschlossenen Menschen im eindeutigen Plus. Ein dickes Minus hingegen bekommen die Schweizer Verkehrsregeln, insbesondere die Tempolimite, deren strikte Kontrolle und vor allem auch teure Ahndung. Deshalb sind hier die wichtigsten Regeln und Besonderheiten nochmals zusammengefasst:
Als generelle Tempolimite gelten
>>innerorts 50 km/h,
>>auf Landstraßen 80 km/h,
>>auf Schnellstraßen 100 km/h,
>>auf Autobahnen 120 km/h.
Insbesondere auf den oftmals zu freier Fahrt animierenden Schnellstraßen und Autobahnen wird nicht mehr explizit auf das landesweite Tempolimit hingewiesen. Das Hinweisschild bei Grenzüberschreitung sollte also unbedingt im Hinterkopf abgespeichert werden. Die Einhaltung der Limite wird durch zahlreiche stationäre und mobile Messanlagen landesweit kontrolliert. Übertretungen werden mittels Blitzanlagen (von hinten bzw. hinten und frontal!) dokumentiert. Die Geldbußen sind bereits ab 16 km/h Überschreitung mit 240 CHF recht drakonisch. Größere Überschreitungen werden in der Regel via Gerichtsverfahren entschieden.

Die Schweiz hat mehr Gegensätze zu bieten, als so manch einer vermuten mag: am Sustenpass (links) und im lieblichen Val Calanca (rechts).

Die Schweizer Vignettenpflicht betrifft auch alle Motorräder und Mopeds. Die Vignette ist jeweils vom 1. Dezember vor und bis zum 31. Januar nach dem aufgedruckten Jahr gültig, sie muss gut sichtbar am Motorrad auf einem nicht auswechselbaren Teil angebracht werden. Windshields werden hier als Anbringungsort akzeptiert, Klarsichtfächer von Tankrucksäcken keinesfalls. Und wird man ohne gültige, direkt am Fahrzeug aufgeklebte Vignette auf einer abgabepflichtigen Straße erwischt, wird eine Strafe von 100 CHF berechnet, zudem ist sofort eine Vignette zu kaufen.
Helmpflicht besteht in der Schweiz für alle Motorräder sowie ganz aktuell auch für Trikes, Quads und All-Terrain-Vehicles.

Im Kreisverkehr hat nach der Schweizer Verkehrsregelverordnung der Fahrer im Kreisel stets Vorfahrt. Auf Bergstraßen muss das bergabwärtsfahrende Kfz dann zurücksetzen, wenn das Ausweichen nicht möglich ist und sich das entgegenkommende Fahrzeug nicht offensichtlich näher bei einer Ausweichstelle befindet. Bei Begegnungen ungleichartiger Fahrzeuge (z. B. Bus und Motorrad) muss das Motorrad generell zurückstoßen. Auf Berg-Poststraßen (erkennbar an dem Schild mit Posthorn-Symbol) haben Post- und Linienbusse generell Vorfahrt. Die Lenker entgegenkommender Fahrzeuge haben die Zeichen und Weisungen der Führer von Fahrzeugen im Linienverkehr zu beachten. Diese haben hierfür eine polizeiähnliche Kompetenz.

Motorräder haben auch tagsüber das Abblendlicht einzuschalten, dürfen nicht nebeneinander oder rechts an Fahrzeugkolonnen vorbeifahren. Und die Schweizer Promillegrenze liegt bei 0,5 Promille.

WICHTIGE TELEFON-NUMMERN UND KONTAKT-ADRESSEN:

Notruf:
117 Polizei
118 Feuerwehr,
144 Ambulanz
1414 Schweizerische Rettungsflugwacht

Allgemeine Auskünfte:
140 Pannendienst,
162 Wetterauskunft,
163 Straßenzustand,
187 Lawinen-Bulletin.
Für allgemeine Auskünfte von Deutschland oder Österreich aus muss folgende Vorwahl gewählt werden: +41 848 800-…

Touring-Club der Schweiz (TCS)
Sektion Bern, Thunstrasse 61,
CH-3006 Bern,
Tel.: +41(0)31/356 34 56 Homepage www.tcs.ch mit Straßenzustandsberichten und Pässe-Vorhersage.

Automobil-Club der Schweiz (ACS)
Wasserwerkgasse 39, CH-3000 Bern 13
Tel.: +41(0)31/328 31 11
Internet: www.acs.ch.

Deutsche Botschaft
Willadingweg 78+83, CH - 3006 Bern
Tel.: +41(0)31/359 41 11,
Fax: +41(0)31/359 44 44.

Umfangreiche touristische Informationen stellt der Schweiz Tourismus gerne zur Verfügung. Seine Adressen lauten:

Schweiz Tourismus
Postfach, CH-8027 Zürich
Tel.: +41(0)1/288 11 11,
Fax: +41(0)1/288 12 05
Internet: www.myswitzerland.com.

Schweiz Tourismus
Rossmarkt 23,
D–60311 Frankfurt a. M.
Tel. 00800/10 02 00 30 (gratis)
Fax 00800/10 02 00 31 (gratis)
E-Mail: info@myswitzerland.com.

WEITERFÜHRENDE LITERATUR UND PASSENDES KARTENMATERIAL

Mit Augenzwinkern und Liebe zum Detail erzählt der Schweizer Journalist Thomas Küng von seinem Leben in diesem viersprachigen Alpengärtlein zwischen Emmentaler und Toblerone. »Gebrauchsanweisung für die Schweiz« von Thomas Küng, Verlag Piper, ISBN 3492275079.

Als Reiseführer mit hohem Infonutzen präsentiert der ADAC-Führer »Schweiz« auf 144 Seiten die Alpenrepublik, ADAC-Verlag, ISBN 3899050487.

Sowohl für einen generellen Überblick zur Tourenvorbereitung als auch für die Navigation vor Ort eignen sich die Marco Polo Generalkarten »Schweiz Westlicher Teil« und »Schweiz Östlicher Teil« im Maßstab 1:200.000, ISBN 3895252166 und ISBN 3895252174.

GELD, KOSTEN UND KREDITKARTEN

Die Schweiz ist bislang kein EU-Mitglied, die Landeswährung ist der Schweizer Franken, angezeigt als CHF. Den Schweizer Franken gibt es in Münzen zu 5, 10, 20, 50 Rappen und 1, 2, 5 Franken, Banknoten zu 10, 20, 50, 100, 200, 1 000 Franken. Damit Sie die Preise bequem vergleichen können, werden diese vielerorts sowohl in CHF als auch in EUR angegeben. Bezahlung in EUR ist ebenfalls in vielen Geschäften möglich, das Wechselgeld erhalten Sie aber in CHF zurück.

Die Schweiz war noch nie ein günstiges Reiseland, ja sie zeigt auch heutzutage keine Tendenz, sich unter Wert zu verkaufen. Während sich die Übernachtungskosten vor allem durch Vorausbuchung via Internet und Hotel-Reservierungssysteme (mein Tipp: www.hrs.com oder www.hotel.de) mit zum Teil sogar über 65 % Rabatt auf den Normalpreis deutlich reduzieren lassen, hinterlassen abendliche Restaurantbesuche deutliche Spuren im Portemonnaie. Selbst einfache Gerichte kosten das Anderthalbfache oder gar Doppelte des vergleichbaren deutschen Preises. Überzeugten Selbstversorgern empfehle ich die Kombination Ferienwohnung und Supermarkt. Günstig gestaltet sich hingegen das Thema Tanken, liegen doch die Benzinpreise gut 30 % unter bundesdeutschem Niveau.

Kreditkarten werden nahezu überall und gerne akzeptiert, allerdings berechnen Kreditkartenunternehmen für die Benützung zusätzliche Auslandsgebühren.

Vielseitigkeit ist ein besonderer Trumpf der Schweiz: Friseur-Restaurant-Kombination im Appenzell (links) und eine reichhaltige Käseauswahl des Landes (rechts).

ZOLLBESTIMMUNGEN, SICHERHEIT, HYGIENE

Gebrauchtes, persönliches Reisegut wie Kleider, Wäsche, Toilettenartikel, Sportgeräte, Foto-, Film-, Videokameras, tragbare Computer, Musikinstrumente und sonstige Gebrauchsgegenstände, welche im Ausland wohnhafte Reisende während des Aufenthaltes in der Schweiz benützen und wieder ausführen, sind natürlich zollfrei. Ebenso Reiseproviant wie Nahrungsmittel und alkoholfreie Getränke für den Reisetag. Auch für Bargeld bestehen keine Beschränkungen bei der Ein- und Ausfuhr.

Tabak und Spirituosen dürfen nur von Personen über 17 Jahren und mengenmäßig begrenzt (200 Zigaretten oder 50 Zigarren oder 250 Gramm Pfeifentabak, 2 l Alkoholika bis zu 15 % Vol. und 1 l über 15 % Vol.) ein- und ausgeführt werden. Andere Privatwaren sind bis zu einem Gesamtwert von CHF 300,00 pro Person abgabenfrei.

Die Schweiz hat eine der niedrigsten Kriminalitätsraten aller Industrienationen. Behalten Sie in belebten Gebieten aber trotzdem Ihre Brieftasche oder Gepäckstücke im Auge.

Die hygienischen Bedingungen in Restaurants werden laufend kontrolliert, das Leitungswasser kann ohne Bedenken getrunken werden.

TELEFONIEREN IN DER SCHWEIZ

Aus der Schweiz muss die internationale Vorwahl mitgewählt werden. Für Deutschland ist dies »0049«. Das Mobilfunknetz deckt über 99 % des besiedelten Gebietes der Schweiz ab. Bei Einreise in die Schweiz sucht sich das Mobiltelefon in der Regel selbstständig ein Netz aus. Um das Netz manuell auszuwählen, muss die manuelle Netzwahl im Handy aktiviert werden. Die manuelle Netzwahl empfiehlt sich besonders bei Datenübertragungen (E-Mail, Internet), weil Übertragungsqualität und Dienstevielfalt der einzelnen Netze stark variieren können.

Handy-Benutzer können im Netz von Swisscom Mobile (Display-Anzeige: SWISS GSM) unter 0800/66 24 53 (0800 M-O-B-I-L-E) Gratisinformationen über Hotels, Restaurants, Wetter, Fahrpläne etc. erhalten. Der Mobile Travel Assistant wird gemeinsam mit Schweiz Tourismus angeboten und ist täglich von 8 bis 20 Uhr in Betrieb. Mehr dazu unter: Swisscom.

Rückbesinnung: Die Schweiz erinnert sich gerne ihrer Wurzeln.

DIE SCHWEIZ FÜR KULINARISCHE GENIESSER

Die Palette an kulinarischen Spezialitäten geht weit über die beiden berühmten Schweizer »Eckpfeiler« Käse und Schokolade hinaus. Frischer Fisch, Wild zur Jagdzeit, knackige Salate, ein einfaches Risotto im Grotto, eine Bratwurst vom Stand, eine Suppe im Lokal um die Ecke, eines der vielfältigen Tagesmenüs in Bistros und Cafés – Sie haben die Qual der Wahl! Mein Tipp: Testen Sie vor Ort vor allem die regionale Küche. In Zürich Kalbsgeschnetzeltes mit Rösti, in Bern Bernerplatte mit Geräuchertem, Würsten und Bohnen, in Genf ein Eglifilet, in Lausanne Saucisson auf Kartoffel-Lauch-Gratin, im Tessin Polenta, Risotto und Pasta. Und landesweit vor allem im Herbst und Winter natürlich Käsefondue und Raclette. Aber auch so profane Dinge wie das Schweizer Müsli haben inzwischen Weltruhm erlangt. Suchen Sie etwas Leichtes? Wie wäre es mit Bündner Trockenfleisch oder frischen Forellen? Beschließen Sie das Essen mit einer Käseplatte oder auch den süßen, jede Lederkombi irgendwann sprengenden Versuchungen aus den reichhaltigen Dessertkarten.

Und als Getränk bieten sich vor allem Rotwein, Weißwein und Rosé an. Aus dem Tessin stammen der rubinrote Merlot und der dunkle Nostrano; aus dem Wallis der kräftige Dôle oder Fendant. Einen perfekten Bikertag abrunden können auch ein Twanner vom Bielersee, ein trockener Dézaley aus der Chasselas-Traube oder einer der seltenen Gletscherweine. Hopfenfreunde erwartet eine immense Vielfalt sowohl an Schweizer als auch an frisch importierten europäischen Bieren.

Möchten Sie sich die Schweiz in Ihre Küche daheim holen? Dann verrate ich Ihnen hier die Rezepte von vier Schweizer Klassikern (Zutaten jeweils für ca. 4 Personen):

SCHWEIZER RACLETTE – DAS ORIGINAL

1 kg Raclette-Kartoffeln – möglichst klein und von gleicher Größe, 800 g Raclette Suisse in Scheiben geschnitten, als Beilagen Gurken, Silberzwiebeln, in Essig eingelegtes Gemüse, Pfeffer aus der Mühle, Paprika.

Zubereitung: Kartoffeln waschen, ungeschält weich kochen. Die Kartoffeln in ein mit einem Leinentuch ausgelegtes Körbchen geben und zudecken, damit sie nicht auskühlen. Den Schweizer Raclettekäse in Scheiben schneiden (sodass diese in die Raclette-Pfännchen passen) und auf einer Platte anrichten. Beilagen in kleine Schälchen geben und zusammen mit der Pfeffermühle und dem Paprika auf den Tisch stellen. Die Raclettekäse-Scheiben in die Pfännchen legen. Den geschmolzenen Käse zusammen mit den Kartoffeln und Beilagen servieren. Servieren Sie dazu knuspriges Vollkornbrot oder ein frisches Baguette.

APPENZELLER CHÄSHAPPECH

300 g Appenzeller, fett, würzig, 0,4 l Milch, 500 g Mehl, 3 g Backpulver, 0,4 l Bier, 8 Eier, Fritteuse oder Pfanne mit hohem Rand.

Zubereitung: Den Appenzeller Käse in die erwärmte Milch schnetzeln und auf kleinem Feuer rühren, bis er sich aufgelöst hat. Masse erkalten lassen, dann das mit Bier angerührte Mehl und nach und nach die Eier beigeben. Der Teig soll etwas dickflüssiger sein als ein Omeletteteig. Den Teig durch einen Trichter schnecken-

Pflicht und Kür zugleich: Ein originales Schweizer Fondue.

förmig in das heiße Fett geben. Chäshappech gut abtropfen lassen und zu Gemüse oder Salat servieren. Dazu passt Wein oder Bier.

MALUNS – DAS BÜNDNER KARTOFFELGERICHT

(braucht 1 Tag Vorbereitungszeit)
1 kg Kartoffeln, 300 g Weißmehl, Salz, ca. 280 g Butter, Bündnerkäse (Sedruner Bergkäse), Apfelkompott.
Zubereitung: Die ungeschälten Kartoffeln bereits am Vortag kochen und noch warm schälen. Die Hälfte der Kartoffeln reiben, die andere Hälfte in feine Scheiben schneiden. Das Mehl mit dem Salz vermengen und locker mit beiden Kartoffelhälften mischen. In einer Gusseisenpfanne 50 g Butter erhitzen und die Mi-schung beigeben. Auf mittlerem bis kleinem Feuer unter ständigem Rühren die Kartoffeln rösten. Von Zeit zu Zeit etwas Butter beifügen. Nicht zu viel auf einmal beigeben, sonst wird der Maluns hart. Nach ca. 30-45 Minuten haben sich kleine, rundum knusprige Kartoffelbrösel gebildet. Vor dem Servieren das letzte Stück Butter beifügen und das Gericht mit einem großen Stück Sedruner Bergkäse und Apfelkompott servieren.

EMMENTALER FENCHEL-QUICHE

1 El Butter, 4 kleine Fenchelknollen, halbiert, in feine Streifen geschnitten, 2 EL Rotweinessig, 1,5 dl Wasser, Salz, Pfeffer, Muskatnuss, 100 g Frühstücksspeck, in Streifen geschnitten, 250 g Blätterteig (Tiefkühlware), rund, ausgerollt, Butter für das Blech, 150 g Emmentaler, grob gerieben, 60 g Appenzeller, grob gerieben, für den Guss: 2 Eier, 2 gehäufte EL Sauerrahm, Salz, Pfeffer.
Zubereitung: Die Fenchelstreifen in der Butter gut andünsten, mit Rotweinessig und Wasser ablöschen, würzen und zugedeckt bei mittlerer Hitze ca. 15 Minuten aufkochen. Dann auskühlen lassen. Anschließend mit Speckstreifen vermischen. Ein rundes, bebuttertes Kuchenblech von ca. 27 cm Durchmesser mit dem Teig auslegen, einen Rand formen und mit einer Gabel einstechen. Den Emmentaler darauf verteilen, die Fenchelmasse einfüllen und mit dem Appenzeller bestreuen. Alle Zutaten für den Guss vermischen und über die Fenchelmasse verteilen. Im vorgeheizten Ofen (220° C) ca. 30 Minuten backen. Heiß servieren.

Zahlreiche weitere Rezepte finden sich unter www.schweizer-kochrezepte.ch.
Echt lecker!

DIE SCHWEIZER SCHOKOLADE

Über den Schweizer Käse und seine heftig pupsenden Geheimnisse habe ich Ihnen ja im Kapitel 8 »Berner Oberland« bereits berichtet. Doch was ist eigentlich das Erfolgsgeheimnis der berühmten Schweizer Schokolade? Über 82 000 t werden davon jährlich im Land selbst und in der Welt verkauft. Deutschland ist mit 20 % wichtigster Exportmarkt dieser kalorienreichen Verführung. Pro Kopf essen die Schweizer knapp 11,6 kg, wir Deutschen nach den ebenfalls »süßen« Belgiern (10,7 kg) auf Platz drei immerhin noch sage und schreibe 10,5 kg. Blättern wir einmal zurück in der Geschichte:
Im Italien des Mittelalters erlernten Handwerksburschen die Kunst der Confiseure und Cioccolatieri, unter ihnen auch ein gewisser François-Louis Cailler (1796–1852). Und jener eröffnete 1819 in Corsier bei Vevey eine mechanisierte Schokoladen-Manufaktur, gründete die älteste noch existierende Schokoladenmarke der Schweiz. Damit war die Schokolade endgültig in das Land eingezogen, in dem sie alsbald ihre größten Förderer und Pioniere finden sollte. Namen wie Philippe Suchard (1797–1884), Charles-Amédée Kohler (1790–1874, der Entdecker der Haselnuss-Schokolade), Aquilino Maestrani (1814–1880), Rodolphe Lindt (1855–1909), Henri Nestlé (1814–1890) und Jean Tobler (1830–1905), der Vater des berühmten braunen Dreiecks sind untrennbar mit der Schweizer Schokolade verbunden, ja sie alle vereinte das Lebensziel, das Produkt Schokolade immer weiter zu verfeinern, zu verbessern, in seinen Anwendungen zu vervielfachen. Im Grunde befasst

Land für Genießer: Die Schweiz verwöhnt wirklich alle Sinne.

sich eine ganze Nation seit über 150 Jahren mit diesem Thema. Übrigens: Als »Schweizer Schokolade« dürfen nur jene Schokoladenerzeugnisse be-zeichnet werden, die ausschließlich in Produktionsstätten in der Schweiz hergestellt wurden.

Und was ist dran an dem Gerücht, dass Schokolade dick macht? Milchschokolade liefert pro 100 Gramm rund 550 kcal und enthält 54 % Kohlenhydrate, 31,5 % Fett und 9 % Proteine. Kalorienmäßig entspricht ein Riegel Schokolade ca. einem Apfel oder einer Scheibe Vollkornbrot. Nur eine ganze Tafel wirkt halt wie eine Mahlzeit aus sieben Scheiben Brot ...

DIE SCHÖNSTEN SCHWEIZER PÄSSE IM ÜBERBLICK

Name	Region	Passhöhe	Steigung	Mit dem Motorrad befahrbar von
Albula	Graubünden/Engadin	2 312 m	max. 12 %	Juni bis Oktober
Bernina	Engadin	2 328 m	max. 10 %	Juni bis Oktober
Chräzeren	Appenzell	1 299 m	max. 10 %	März bis November/Dezember
Flüela	Graubünden/Engadin	2 383 m	max. 10 %	Juni bis Oktober
Forclaz	Wallis	1 527 m	max. 9 %	März bis November
Furka	Wallis	2 431 m	max. 11 %	Juni bis Oktober
Glaubenbuelen	Zentralschweiz	1 611 m	max. 11 %	Mai bis Oktober
Gotthard	Tessin	2 091 m	max. 10 %	Juni bis Oktober
Grimsel	Berner Oberland	2 165 m	max. 10 %	Juni bis Oktober
Großer St. Bernhard	Wallis	2 473 m	max. 11 %	Juni bis Oktober
Jaun	Berner Oberland	1 509 m	max. 14 %	März bis Oktober/November
Julier	Graubünden/Engadin	2 284 m	max. 12 %	März bis Oktober
Klausen	Glarus/Zentralschweiz	1 952 m	max. 9 %	Mai bis Oktober
Lenzerheide	Graubünden	1 549 m	max. 10 %	ganzjährig
Lukmanier	Graubünden/Tessin	1 940 m	max. 10 %	Mai bis Oktober/November
Maloja	Engadin/Bergell	1 815 m	max. 12 %	März bis Oktober/November
Nufenen	Wallis/Tessin	2 478 m	max. 10 %	Juni bis November
Oberalp	Graubünden	2 044 m	max. 9 %	Juni bis Oktober
Ofen	Engadin	2 149 m	max. 10 %	März bis Oktober
Pillon	Bern/Waadt	1 545 m	max. 11 %	März bis Oktober
San Bernardino	Graubünden/Tessin	2 066 m	max. 12 %	Juni bis Oktober
Schwägalp	Appenzell	1 278 m	max. 10 %	März bis Oktober/November
Simplon	Wallis	2 005 m	max. 9 %	März bis November
Splügen	Graubünden	2 118 m	max. 12 %	Mai bis Oktober
Susten	Berner Oberland	2 224 m	max. 9 %	Juni bis Oktober
Umbrail	Engadin	2 503 m	max. 12 %	Juni bis Oktober
Wolfgang	Graubünden	1 631 m	max. 10 %	März bis November/Dezember

Durchaus anspruchsvolles Gelände:
der Sustenpass im Herzen der Schweiz.

REGISTER

Die Felswände der Churfirsten im Heidiland

HG
T031

Wir sehen uns bestimmt – die Schw
lohnt weit mehr als einen Besu

IMPRESSUM

Produktmanagement:
Claudia Hohdorf
Layout und Satz:
Werner Poll, Putzbrunn
Litho: Repro Ludwig, Zell am See.
Umschlaggestaltung:
Studio Schübel Werbeagentur,
München unter Verwendung von
Fotos von Heinz E. Studt
Kartografie: Anneli Nau, München
Herstellung: Thomas Fischer
Printed in Italy
by Printer Trento S.r.l.

Alle Angaben in diesem Werk wurden vom Autor sorgfältig recherchiert und auf den aktuellen Stand gebracht. Sie wurden vom Verlag geprüft. Für die Richtigkeit der Angaben kann jedoch keine Haftung übernommen werden.

Für Hinweise und Anregungen sind wir jederzeit dankbar.
Bitte richten Sie diese an:
Bruckmann Verlag
Postfach 40 02 09
D-80702 München
E-Mail: lektorat@verlagshaus.de

Bildnachweis:
Alle Fotos auf dem Umschlag und im Innenteil von Heinz E. Studt mit folgenden Ausnahmen:
S. 78/79, S. 135, S. 136 unten von Swiss Image

Umschlagvorderseite:
Unterwegs im Appenzeller Land
Blick auf das Säntis-Massiv. Klein
Bild: Prächtige Ausblicke bietet
Taminatal im Heidiland.
Umschlagrückseite: Das Engadin
on- wie offroad ein wahrer Gen
für Biker.

Die Deutsche Nationalbibliothek verzeichnet diese Publikation in der Deutschen Nationalbibliograf detaillierte bibliografische Daten sind im Internet über http://dnb.d-nb.de abrufbar.

Aktualisierte Neuauflage 2010

ISBN 978-3-7654-5492-9